纤维及纺织品可持续发展与创新丛书

Springer

Sustainable Innovations in
Textile Chemistry and Dyes

纺织化学及染色可持续发展与创新

【印】 萨勃拉曼尼亚·森西卡纳·穆图◎编著
Subramanian Senthilkannan Muthu

龚龑　李建辉　吴瑛　杨宏珊◎译

中国纺织出版社有限公司

内 容 提 要

本书主要内容包括纺织工业中的绿色化学、棉纤维可持续活性染色技术、羊毛可持续染色技术以及纺织工业废水可持续处理技术。

本书可供纺织、材料、染整、化工、环境等相关专业的科研人员、工程技术人员、管理人员及院校相关专业的师生阅读，对于研发适应时代需要的纤维及纺织品具有指导和借鉴作用。

First published in English under the title
Sustainable Innovations in Textile Chemistry and Dyes
edited by Subramanian Senthilkannan Muthu
Copyright © Springer Nature Singapore Pte Ltd., 2018
This edition has been translated and published under licence from
Springer Nature Singapore Pte Ltd.
本书中文简体版经 Springer Nature Singapore Pte Ltd. 授权，由中国纺织出版社有限公司独家出版发行。本书内容未经出版者书面许可，不得以任何方式或手段复制、转载或刊登。

著作权合同登记号：图字：01-2020-5180

图书在版编目（CIP）数据

纺织化学及染色可持续发展与创新/（印）萨勃拉曼尼亚·森西卡纳·穆图编著；龚奕等译 . --北京：中国纺织出版社有限公司，2022.1
（纤维及纺织品可持续发展与创新丛书）
书名原文：Sustainable Innovations in Textile Chemistry and Dyes
ISBN 978-7-5180-8804-1

Ⅰ.①纺… Ⅱ.①萨… ②龚… Ⅲ.①化学—应用—纺织工业—可持续性发展—研究—世界②染色（纺织品）—纺织工业—可持续性发展—研究—世界 Ⅳ.①F416.81

中国版本图书馆 CIP 数据核字（2021）第 168512 号

责任编辑：范雨昕 孔会云 责任校对：江思飞 责任印制：何 建

中国纺织出版社有限公司出版发行
地址：北京市朝阳区百子湾东里 A407 号楼 邮政编码：100124
销售电话：010—67004422 传真：010—87155801
http://www.c-textilep.com
中国纺织出版社天猫旗舰店
官方微博 http://weibo.com/2119887771
北京新华印刷有限公司印刷 各地新华书店经销
2022 年 1 月第 1 版第 1 次印刷
开本：710×1000 1/16 印张：6.25
字数：108 千字 定价：138.00 元

凡购本书，如有缺页、倒页、脱页，由本社图书营销中心调换

目　录

第1章 纺织工业中的绿色化学

P. Senthil Kumar 和 E. Gunasundari

摘要：近年来，纺织工业由于使用了不可持续的、对环境有害的化学品和常规的化学加工技术，已成为全球污染严重的行业之一。绿色化学则可以很好地克服这些问题，对纺织工业产生了巨大影响。绿色反应是可持续的、生态友好的、清洁的、高效的，并且在大气条件下稳定，使用无害的溶剂和减少助剂的使用，进行生物处理和环境安全的开发，通过有效处理可减少有毒化学物质生成，可回收和再利用水、化学品和纺织品。本章主要讨论纺织工业中的绿色化学，以减轻纺织工业中使用化学品产生的环境危害和健康问题。

关键词：纺织工业；危险化学品；可持续环保绿色化学

1.1 引言

目前，人们对环境的担忧持续增加，这主要是由于人们通过各种技术实现了"化学"。一般来说，生物化学反应常有碳、氮、氢、硫、氧、铁和钙等元素参与。这些元素在环境中大量存在，各行各业从各个地方收集这些成分，并以自然过程不能进行的方式传播它们。例如，像铅这样的成分广泛存在于非常绝缘的沉积物中，这种物质在生物体内从未封闭过。然而，近些年来铅的应用无处不在，尤其是在油漆、汽车和计算机中（Historical Production and Uses of Lead，2011）。农药、塑料和医药领域中若干新的"人造分子"与天然化学物质的产量非常不同。可持续发展的衡量标准大致已经在世界范围内确立，特别是在工业领域。如今，各种时尚公司开发和设计了很多具有可持续性的纺织产品，以保护环境免受有毒溶剂和技术的影响（Sustainable Materials，2013）。

1.2　绿色化学

　　一般来说，绿色化学是指在化工产品的制造、设计和应用中有意识地减少或避免使用和产生有毒物质的科学。它也被定义为环境友好的化学合成。绿色化学的主要目标是通过改进人工或合成方法、制造工艺等，将对人类和环境的毒性影响降至最低（Anastas，2011；American Chemical Society，2015）。

　　在设计阶段即开始注重绿色，以规避后续风险。从化学方法开始就有意识地消除风险，对人体健康和环境都是有利的（Clark et al.，2002；Hutchings，2005）。一般来说，绿色化学有以下12项基本原则须遵守：

　　（1）与后续废物处理相比，更应避免废物的产生；

　　（2）大力发展"人造"方法，以丰富参与整个循环过程中的化学物质品种；

　　（3）通过构建"人造"方法来生产具有微小毒性或无毒性的产品，以保护人类和环境；

　　（4）必须确定和减少能源需求对经济和环境的影响；

　　（5）必须考虑使用化学产品，则应通过将毒性降至最低来维持工艺效率；

　　（6）原材料或原料必须再生，而不是在经济和技术上可行的地方耗尽；

　　（7）在可行的情况下，需要避免不必要的派生；

　　（8）催化试剂的使用量尽量大于化学试剂；

　　（9）如若必定形成在环境中不可持续的化学产品，需将其分解为无害的可降解产品；

　　（10）必须建立分析方法，以便在生产有害物质之前对化学反应过程进行实时监测和控制；

　　（11）支持物质的消耗，包括分离剂、溶剂等，必须在任何可能和安全的地方使用；

　　（12）应谨慎选择用于化学过程的物质，以避免爆炸、泄漏、火灾和化学事故。

　　一般来说，绿色化学可分为以下三个主要应用领域：①绿色合成方法；②绿色反应条件；③绿色化学品——无毒或风险较小。

1.3　非生态友好材料

非生态友好材料包括不可生物降解的有机材料和有毒物质，它们对人类和环境可能是不安全的（Webster's New Millennium Dictionary of English，2006）。

1.3.1　不可生物降解材料

一般来说，不可生物降解的材料不容易被微生物破坏，因此它们的生化需氧量（BOD）为零（Smith et al.，2005）。当它们充当化学试剂时，只有氧气需求。BOD通常被解释为水中好氧生物在特定温度下，在一段时间内分解特定水样中存在的有机物质所需的溶解氧量。BOD值通常以特定温度（20℃）下培养5天内每升样品所需氧气的毫克数来衡量。

1.3.2　危险化学品

危险化学品通常被称为物理危害，这意味着已经证实特定的物质会对人类造成慢性或急性的健康影响。健康危害含有致癌或有毒化学物质，可影响皮肤、眼睛或黏膜和肺部。根据化学行为，危险材料可分为氧化剂、易燃和可燃材料以及腐蚀性或反应性材料，但可能取决于毒性（US Occupational Health and Safety Administration，2012）。危险物质主要可分为两类，包括有毒重金属和挥发性有机化合物（VOCs）。重金属是原子序数在22~34和40~52之间的金属，镧系元素和锕系元素的相对密度比水大4~5倍。就毒性而言，金属的变化主要取决于金属及其化合物的化学性质和危险微生物的生物学特性。

一些与健康危害有关的非金属和金属有镉（Cd）、铅（Pb）、汞（Hg）、铬（Cr）和砷（As）。这些重金属可以通过空气、水和食物进入人体，或者通过人体皮肤吸收，其中许多会形成脂溶性有机金属化合物，有在细胞和器官内生物积累的趋势，从而损伤其功能。挥发性有机化合物是指在典型大气条件下，具有较高蒸气压的有机化合物。由于蒸气压力很高，大量的分子被蒸发并进入周围的空气中。例如，甲醛的沸点约为−19℃，因此如果不将其置于完全封闭的容器中它将稳定蒸发。无论是天然的还是合成的化合物或多或少都会对人类和环境造成危害。它们可能会导致人们出现各种健康问题，如头痛，恶心，眼睛、喉咙和鼻子刺激，肾脏、肝脏损伤和引起中枢神经系统问题（US Environmental Protection Agency，2013）。

1.4 绿色合成

1.4.1 绿色溶剂

绿色溶剂或生物溶剂是可通过加工生物质而获得的溶剂。这些溶剂可替代化学过程中使用的传统溶剂，并成为将环境影响降至最低的新思路。绿色溶剂的优点如下：

（1）本质上不致癌；

（2）耐腐蚀；

（3）可生物降解；

（4）不消耗臭氧层；

（5）溶剂性能优异；

（6）由可再生资源制成。

绿色溶剂的例子有生物乙醇、乳酸乙酯、聚醚、二元酯、萜烯、有机酸和硅氧烷聚合物。生物溶剂通常来自可再生资源，如通过发酵含糖原料、木质纤维素物质或淀粉物质生产乙醇。这些都是石化溶剂的替代品，可以最大限度地减少排放到环境中的 CO_2（Nalawade et al.，2006；Scammells et al.，2005；Nagendrappa，2002；Mohammad et al.，2012）。

乳酸乙酯是以玉米为原料生产的绿色溶剂之一，它也被称为乳酸酯。乳酸酯类溶剂因其完全可分解、环保、无臭氧消耗、无腐蚀性、无毒、可回收等优点被广泛应用于涂料、油漆等领域。乳酸乙酯因其高沸点、高溶解力、低表面张力和低蒸气压，在涂料工业中主要用作溶剂。它可用作聚苯乙烯、木材和重金属的涂料溶剂，也可用作脱漆剂和涂鸦清除剂。

在工作场所使用乳酸乙酯代替 *N*-甲基吡咯烷酮（NMP）、二甲苯、丙酮和甲苯等溶剂，以创造更安全的环境。对于聚氨酯工业来说，乳酸乙酯是一种有效的清洗剂，由于其具有很强的溶解能力，可以溶解种类繁多的聚氨酯树脂。乳酸乙酯已被广泛用于清洗各种金属表面，强力去除固体燃料、黏合剂、油和油脂。

在工业中，替代 VOCs 应用的其他支持性研究领域包括：作为替代溶剂的离子液体和超临界二氧化碳（$scCO_2$）的应用。

超临界流体是目前应用较为广泛的绿色化学反应溶剂。例如，在聚合物加工中，使用 $scCO_2$ 代替氯氟烃，可以最大限度地减少臭氧消耗（Nalawade et al.，2006）。但是，$scCO_2$ 存在如下一些缺点：①投资成本高；②需要考虑 $scCO_2$ 设备的安全因素；③CO_2 在操作过程中会排放到大气中，因此该过程并非对环境完全无害。

超临界二氧化碳的性质介于液体和气体之间。它可以广泛用作干洗溶剂，由于它的挥发性，反应后很容易去除。

离子液体（ILS）是完全由离子组成的液态盐。因此，熔融的氯化钠通常属于离子液体，尽管存在于水中的氯化钠混合物被称为离子溶液或分子溶剂。常见的溶剂如水、苯、乙醇等，无论是极性的还是非极性的，都通称为分子液体。一种名为室温离子液体（RTILs）的新型液体，通常是盐，它在很宽的温度范围内是液体，在约 100℃ 以下熔化。一般来说，RTILs 由离子组成，如果用作溶剂，它们的行为与分子液体不同。含氮无机阴离子和有机阳离子是 RTILs 的主要成分。普遍认为的体系有咪唑啉鎓、鏻或三丙基甲基铵阳离子以及改变杂原子官能度（Scammells et al.，2005）。这些 RTIL 被认为是一种绿色反应介质，因为它们是低黏度的液体，具有一定的不可计算的蒸气压和很高的热稳定性。它们具有很强的导电性，对于广泛的有机和无机化合物具有更好的溶解能力。离子液体主要应用于化学合成、催化、电化学和分离科学四个主要领域。离子液体在相转移催化和分离或萃取技术方面形成了特殊的应用。它们为绿色化学和绿色技术的进步做出巨大贡献，但也存在一些缺点。ILS 的劣势如下：①与其他溶剂相比，毒性更大；②在从原材料制备这些溶剂的过程中，能源和经济成本都很高；③难以将 ILS 与溶质分开。

1.4.2　绿色催化剂

催化本身就是一个重要的研究领域，它在绿色合成中扮演着重要的角色。它不仅可以帮助形成更加绿色的化学工艺，还可以将生产成本和环境影响降至最低。

催化剂开发的主要目标是通过以下原则来实现绿色化学：

（1）制造一种快速、寿命长、选择性强、在温和条件下发挥作用的催化剂；作为反应后可再发生催化的催化剂；单分子催化剂可以实现多种转化；

（2）反应后要获得高产率，只需少量催化剂即可。

通常，对于碳—碳键形成的反应，如铂、钯和钌等过渡金属用于制备催化剂。但这些金属非常昂贵，而且在地壳中含量稀少。有时，为了控制反应的选择性，体积较大的配体对于催化剂来说是必不可少的，正如绿色化学原理所讲的那样，这是一种浪费（American Chemical Society，2015）。因此，除了一种容易获得的绿色金属——铁之外，研究人员还试图开发这些催化剂的类似功能。这种绿色金属（铁）催化剂可用于多种交叉偶联反应，但其中许多反应需要易燃的格氏试剂。另外，铁催化剂可以形成烷基硅烷，与铂催化剂相比，该烷基硅烷可以应用于洗发用品，或使牛仔布料变得更柔软，同时具有更好的选择性和活性。

一个新的具体研究领域是纳米科学，它也可以提供开发绿色金属催化剂的方向。含有二氧化硅的酸催化剂可以最大限度地减少中和和淬灭反应过程中产生的废液。金—钯纳米催化剂可以产生过氧化氢，后者属于绿色化学范畴的氧化剂。包裹在磁性纳米颗粒上的催化剂很容易在反应后产生、分离和再处理催化剂。某些类型的催化剂可以降低危害。相转移催化剂（通常是铵盐类）在混合物的水相和有机相之间生成不溶性反应物。通过氰化物离子的转移，四丁基溴化铵可以用来催化氯化物。然而，反应过程有时会释放热量，科研人员会试图控制放热，避免温度过高，比如通过控制反应速度。酶常被用作各种工业的催化剂，主要是在制药工业中，通常可在常温和水中的压力下发挥作用。三步酶法合成重要的手性构建模块，用于生成降胆固醇药物立普妥的有效成分。90%以上的分离产物所需的中间体是通过酶法生产的。在整个反应过程中，反应活化能比用绿色化学原理构建的代表性药物小5倍。然而，与化学催化剂相比，生物催化剂也并非更"绿色"。酶也可应用于造纸工业，它可以用以生产出更坚固的产品，也可以用来提高产量。

1.4.3 绿色化学品

生态圈是一个封闭的系统，使用的能源和原材料资源极少，积累或吸收污染物的能力很差。因此，放弃水、空气和资源废弃物的再利用可能会导致不可逆转的退化，甚至会带来全球性的灾难。环保方式的改进和绿色化学品的创造是绿色化学的两个重要方面。

绿色化学品必须遵守以下原则：

（1）使用生态友好的工艺，利用易于呈现和可持续的资源生产；

（2）极小倾向于维持快速、强大、多变反应的趋势，包括可能影响环境和人类的爆炸；

（3）毒性较小，无毒；

（4）不燃或易燃性差；

（5）可生物降解；

（6）在环境食物链中耐受生物积累的倾向最小。

二氯二氟甲烷是低毒的合成化合物，但该产品不是绿色的，因为它可以非常稳定地存在于大气中。它可能是平流层臭氧破坏的来源。氢氟烃和氢氯氟烃是更环保的替代品，排放到大气中不会持续很长时间，或者不含破坏臭氧的氯。稳定的结合可提供化合物的持久性，并最终造成环境危害。硬脂酸钠是一种绿色化合物，可以由副产品动物脂肪与氢氧化钠反应生成，氢氧化钠是通过盐水传递电流制成的。硬脂酸钠和水中的钙反应生成硬脂酸钙。这种硬脂酸钙无毒，可生物降解。

1.4.4　绿色能源

节约能源是以较少的资源消耗实现绿色环境的最佳途径。加热、冷却、搅拌、蒸馏、分离、压缩、泵送等过程都需要通过石化燃料燃烧发电所得的能源。在这个过程中，二氧化碳被排放到大气中，就可能导致全球气候变暖。绿色化学在开发替代能源（光伏、生物燃料、氢气、燃料电池）等方面发挥了重要作用。此外，利用催化和产品布局保持能源效率路线已走在前列。二氧化碳是一种温室气体（GHG），由于人类活动导致大气二氧化碳水平逐渐上升，这是一个主要问题（Green Power Defined，2012），这可能最终会改变全球气候。石化燃料燃烧是全球 CO_2 排放的主要来源。从绿色化学的角度来看，与石化燃料的燃烧相比，可再生燃料的燃烧通常是非常必要的。生物柴油是可再生燃料，由植物油形成，例如大豆。它是由嵌入在植物油中的脂肪通过去除甘油来生产的，甘油可以作为肥皂生产的有用资源。生物柴油的燃烧不会产生硫元素，通常也不会增加大气中存在的二氧化碳的数量。生物质是来自死亡或新鲜的活性生物体的生物物质，如木材、废物、酒精燃料和森林残留物。它们通常是用来发电或供热的植物材料。尽可能多的石化能源原料应该被再生原料替代。生物质还可用于生产石油、溶剂和化合物。

1.5　绿色化学的优势及面临的挑战

1.5.1　绿色化学的优势

（1）通过节约溶剂、能源、试剂、废物、增产、降低处置费用和人力资源费用来增加收入；

（2）任何工业过程的一般应用都包括基本的溶剂原料、分离/净化和使用绿色化学的化学反应；

（3）绿色化学的基本原理通常在很长一段时期会保持不变；

（4）创新的分离方法，如二氧化碳提取、蒸发、相分离、将副产品转化为新产品以及膜分离，最大限度地减少废物产生。但是，一个绝对绿色的过程也并不一定是真正绿色的，除非在正确的条件下进行（Mohammad et al.，2012；Poliakoff et al.，2007）。

1.5.2　绿色化学面临的挑战

（1）对可回收原料的认可，而不是对非食用植物的认可，并将其完全转化为有价值的产量；

（2）尽量使反应过程对生态环境影响小，如可持续有机催化剂的应用；

（3）选取制造效率最高、废物产生最少的反应器和工艺；

（4）尽量使用危害性更低，生物降解性更好的原材料；

（5）逐步淘汰污染大气的易燃、有毒和挥发性溶剂，并使用更清洁的溶剂作为替代品。

1.6　纺织工业中的污染及绿色化学

在世界范围内，纺织工业是危害环境严重的行业之一。纺织工业中，用于服装生产的人造纤维的消耗迅速破坏了森林。以石油为基础的合成染料和纤维是不可生物降解和不可持续的。棉花的种植和生产需要使用大量的除草剂、化肥和杀虫剂。

1.6.1　纺织工业用水

在纺织工业中，纤维素纤维的湿法加工每年都要消耗大量的水。如果湿法加工的用水量可以降到最低，那么节余的水就可以用来供人们使用，也可以用于其他工业生产。在染色过程中，可通过多种途径节水，具体做法如下：

（1）对染料厂的废水进行回收利用；

（2）优化洗涤和皂洗工艺；

（3）尽量减少后处理工艺；

（4）采用减小液体比。

1.6.2　纺织工业中的污染

纺织品湿法加工的每一工序都会产生一些环境问题：

（1）基于化学反应的湿处理，包括漂白、煮练、丝光、印花、染色等；

（2）在染料的补充和固色中注意金属的使用；

（3）废水中存在剩余染料；

（4）树脂、分散剂、着色剂固色剂和印花浆料中含有甲醛；

（5）在塑胶印花浆料中使用聚氯乙烯（PVC）和邻苯二甲酸酯；

（6）产生的染料废水。

采用膜技术可以将纺织加工废水中的化学物质分离出来。废水中主要的复杂污染物是染料。染料一般不会在化学品、水和光中分解。但是，它们可以通过一些处理技术（物理、化学和生物方法）在水中降解。氧化过程是用于分解染料分子的处理过程之一。在这个过程中，过氧化氢和水混合在一起，并利用紫外光激活氧化染料。但在此过程中会产生有毒污泥，需要进一步焚烧处理或销毁。

1.6.3　纺织工业中的绿色化学

纺织品和服装的生命周期由于以下五个问题而变得不可持续：

第一，水的利用。纺织品生产被认为是水和各种加工化学品的密集消耗过程。因此，纺织工业废水含有大量的化学需氧量（COD）和不可生物降解成分，如颜料、染料和上浆聚合物。重金属污染问题也可能会出现。

第二，不可再生能源的消耗。不可再生能源的消耗被低估，且消费不规范。纺织品对环境的最大影响发生在消费者使用期间（占整体环境影响的 75%~95%），主要是由于洗衣后烧水和烘干材料所消耗的电能。

第三，化学品的消费。农业种植中应用的除草剂和杀虫剂以及生产中的有毒化学品消费失控。

第四，废物的产生。纺织工业生产过程产生大量废物。不可再生能源是不可再生、不可回收的，需要尽可能多地堆肥。

第五，劳动力及运输能源的消费。生产中不可避免地雇佣劳动力、租用土地等，生产地远离消费者，在随后的运输中使用不必要的不可再生燃料。

如果使用大量的塑料和泡沫层来包装可持续纺织品，那么分销可持续纺织品的成功率就会降低。可回收和环保的包装材料将增强产品的可持续性。在纺织和造纸工业中，能源被用来推进更环保的方法，从而减少水、能源消耗和缩短纺织品的加工时间（Teli，2008）。

1.6.3.1 绿色纤维

棉花的使用量约占全球纺织品消费量的 38%。棉花极易受到虫害的侵袭，特别是在潮湿的地方。虽然棉花产量被控制在 2.4% 的土地上，但种植中需用到 25% 的杀虫剂和 11% 的农药。要生产 1kg 棉纤维，这种"饥渴"的作物还需要消耗 7000~29000L 水（Reddy et al.，2005）。有机棉通常被认为是由非转基因植物生产的棉花。为了保护有机纤维的完整性，有机纤维产品的整个收获、后加工、储存和运输必须与传统的棉纤维分离，不得接触违禁材料或其他污染物。这些处理必须充分利用天然染料、颜料、化学品和酶。"有机亚麻"是由亚麻纤维制成的，不需要消耗有害的杀虫剂和化肥。即使羊毛是一种有机纤维，传统的羊毛生产通常也不会被认为是生态友好的。一般来说，羊毛是用一种天然的、绿色的技术形成的原材料。

Lyocell 纤维是将木浆溶于 N-甲基吗啉-N-氧化物（NMMO）有机溶剂体系，不经化学反应，采用干喷湿法工艺，得到的新一代再生纤维素纤维，所消耗资源无风险，环保的 NMMO 溶剂可完全回收利用。与石油衍生的合成纤维和天然纤维（如棉花）相比，这种纤维具有很高的可行性。对于棉花生产来说，需要比桉树更大的空间，Lyocell 就是由桉树生产的。离子液体用作纤维素再生过程的溶剂，几乎可以完全回收。真正的绿色离子液体可持续、简单、清洁、无毒和可生物降解，每个特点都必不可少。

竹纤维具有独特的天然抗菌、除臭、抑菌功能。与抗微生物药物相似，它不会引起皮肤过敏。竹纤维较柔软，因此与棉相比，染料更易上染，可染得更深的颜色，并具有天然的抗菌性能。竹子可以在没有农药的情况下生长，因此比棉花和其他一些纤维更环保。大量的己二酸［HOOC（CH$_2$O$_4$）COOH］已被用于制造尼龙、增塑剂、聚氨酯和润滑剂。在常规方法中，己二酸由具有致癌性的苯形成。已开发出一种绿色合成技术，可通过使用危害较小的底物来生产类似于己二酸的溶剂。而且，这种原材料，即葡萄糖的自然资源几乎是取之不尽的。通常使用从转基因细菌中发现的酶可用于转化葡萄糖产生己二酸。这种绿色的生产方式可以保护人类和生态系统免受危险化学物质的侵害。

聚氨酯聚合物是一种非常重要和有用的材料，在纺织、表面和泡沫涂料、弹性体和黏合剂中有多种应用。通过避免或减少对二异氰酸酯的需要，而合成了聚氨酯聚合物。通过对聚酯酯化反应的研究，人们又合成了一系列与双氨基甲酸酯相关的聚氨酯聚合物。以不含二异氰酸酯的二胺为原料合成了各种聚氨酯聚合物。合成聚合物的生产以大量的石油为原料，天然和合成聚合物构成了固体废物的很大一部分。由于这个原因，它需要形成聚合物，同时生产和消费在丢弃过程中会被生物降解的聚合物。在自然界中存在一系列聚合物，如棉花和木材中的纤维素，羊毛和丝绸中的蛋白质以及木材中的木质素等。除了木质素外，这些聚合物还可以被真菌和细菌等生物降解。

1.6.3.2　生物聚合物

近年来，生物聚合物主要由玉米、淀粉糖和一些可再生资源生产得到。首先，大豆高聚物已经被用来制造汽车零部件。嘉吉·陶氏公司用玉米合成聚乳酸的精湛技术也是大家所熟知的。与传统的以石油为原料的聚乳酸生产工艺相比，它使用的石化燃料减少了 50%。它不会产生任何有害废物，其最终产物是可持续的和可生物降解的（Chodak et al.，2009）。聚乳酸（PLA）由于其强度大，可完全生物降解，可堆肥，被制成纤维、薄膜和棒状，在弃用 45~60 天内可被破坏。玉米植株的玉米皮经过清洗后，通过适当的加工切割成纤维，玉米纤维的性能和结构与亚麻、棉花等天然纤维相似。玉米皮纤维的特性，包括最大的柔软度、足够的强度、高伸长率、强耐久性和高回潮率，为玉米纤维提供了独特的性质。利用玉米纤维在工业、农业、环境和能源方面会带来众多优势，预计将生产出比目前可获得的天然和合成纤维更理想的玉米纤维。天然聚合物包括聚羟基烷酸酯（PHA），它们是通过荧光假单胞菌和一些细菌获得的，这些细菌形成并储存了碳和能源。如今，这些天然聚合物已经从基因工程植物中生产出来，完全可生物降解。

聚己内酯（I）是以己内酯（单体）为原料，经开环聚合而成的一种热塑性聚合物。这种聚合物与 PHAs 相同，完全可生物降解，但降解率低于 PHAs。由于其较低的熔融温度（约 60℃），主要用于聚合物混合物或作为可分解复合材料的基体。

静电纺丝是生物可降解纤维铺展的有效技术，特别是在非织造生物降解纺织品的生产中更是如此。静电纺丝依赖于有机溶剂作为聚合材料的混合物，但同时，许多生物聚合物在有机溶剂中是不溶的。因此，它们不能用常规方法形成静电纺丝。非挥发性室温离子液体（RTILs）通过减少有毒挥发性化合物向环境中的排放，可以提供一种"更绿色"的加工替代品。聚酯纤维是一种不可生物降解的聚合物，会造成环境问题。特别是回收聚酯的两种一般形式：

（1）易于熔融和重新挤出以生产纤维；

（2）多级解聚和再聚合，以提供卓越的功能纱线。但是，再生聚酯纱线与原聚酯相比并不优越，颜色特别是浅色时不容易稳定。

1.6.3.3　再生纺织品

大量经多道工序生产出的纺织品库存被丢弃、燃烧或掩埋，随后释放出甲烷气体。当纤维没有完全燃烧时，由于可能引发哮喘的物质部分分解，可空气传播的颗粒物会释放出来。再生纺织品几乎 100% 可回收，在纺织和服装行业应用中不存在浪费。它们通过纺织品回收行业进行回收，这是世界上最古老和最被认可的回收行业之一。回收的纺织材料可以用于服装。聚酯纤维是一种不可生物降解的聚合物，会造成环境问题（Hawley，2006）。

1.6.3.4　绿色染料、助剂及表面活性剂

环保或绿色的合成方法是通过以下方式实现的：

（1）去除反应中危险的偶氮染料；

（2）可持续产品的替代生产；

（3）考察天然染料的生态资源。一般来说，它们含有较差到中等等级的耐日晒色牢度；

（4）易降解染料的开发和使用。

大多数合成染料在废水处理过程中很难降解和去除。邻位二（三芳基）甲烷染料中的羟基与中心碳的同化是一种简单而有价值的氧化反应，它是在甲基三氧基铼 $MeReO_3$（MTO）（Moozyckine et al.，2002）氯离子的催化作用下，在一定的 pH 条件下溶解 H_2O_2 而使染料氧化的。

科研人员通过糊精与脂肪酸及其衍生物反应，制得了新鲜、可持续、可生物降解的表面活性剂。它们具有极高的物理性能要求，如良好的润湿和增白能力、低起泡以及出色的生物降解性。近年来，从生物柴油中提取的可再生材料甘油成为溶剂型表面活性剂。它们具有同等的表面活性剂和溶剂性能，通常用于脱脂、香水、涂料和油墨。烷基酚聚氧乙烯醚（APE）或 APEO 已被广泛用于疏水液体的乳化，或用于分散水中存在的疏水颗粒，如着色剂、脂肪或树脂。此外，壬基酚聚氧乙烯醚（NPE）以生物方式降解产生 NP $(EO)_{1~3}$。它是一种顽固的、对鱼类有极大毒性的代谢物，而绿色替代品，如烷基多苷或脂肪醇聚氧乙烯醚的生物降解导致快速和完整的生物降解机制，这对于脂肪醇的聚乙二醇醚和聚糖苷及其硫酸盐、磺基琥珀酸盐或磷酸盐使用一整套绿色表面活性剂的目的非常重要（Höfer et al.，2007）。

1.6.3.5　绿色反应过程

绿色反应过程描述如下：

（1）用离子液体和二氧化碳萃取法清洁纤维素；

（2）用无污染的氧化剂过氧化氢取代氯漂白；

（3）木质素的高温水提取；

（4）避免使用四氯化碳等消耗臭氧的化学物质；

（5）基于二氧化碳的干洗。

1.6.3.6　绿色光漂白

在过氧碳酸钠（$Na_2CO_3 \cdot 1.5H_2O_2$）的存在下，或过氧化氢水溶液与碳酸钠的混合存在下，用多种准分子激光器（如 XEF、KRF 和 XeCl）、黑光荧光灯和低压汞灯对纤维织物进行选择性光解，在室温下成功地漂白了纤维素织物。当使用 XeF 准分子激光器或黑光荧光灯时，这是一种比热漂白更有效的工艺。硼氢化钠（$NaBH_4$）提供了最大的漂白效率（Ouchi et al.，2004）。

1.6.3.7　绿色生物处理

生物处理主要是以酶为基础的，其在纺织品生产中的用途如下：

（1）酶法退浆主要是利用淀粉酶细菌进行的。

（2）利用脂肪酶/纤维素酶进行酶法生物精练。在该操作中，可节约30%的水和60%的能量，织物重量和强度损失最小，改善了织物性能和染色白度。

（3）酶法漂白是一种消除H_2O_2的工艺，节约能源和水，缩短工艺周期，提高生物降解性，漂白效果稳定，不含有毒化学品。

（4）生物抛光和酶基柔软剂（纤维素）等，可使织物产生更柔软的手感、无垢的表面，提高光泽并最大限度地减少起球。

（5）生物石洗涤使用一种特殊的纤维素酶，作为浮石的替代品。纤维素的作用方式是释放牛仔布表面的靛蓝染料，这一过程被称为"生物石洗"。少量的酶足以交换大量的浮石。最小的浮石消耗量不会对服装和机器造成太大的损害。

（6）利用酶对纺织加工的染料废水进行脱色。一般来说，漆酶是由真菌如毛栓菌（*Trametes Modesta*）制成的。真菌常用于废水处理中的染料脱色，这将是环境问题的主要因素（Preša et al. ，2009）。

1.6.3.8　绿色染色工艺

通过以下改进可获得更环保的染色工艺，具体如下：

（1）优化染色工艺，使水、能源、电力、蒸汽消耗和工艺时间降至最低。

（2）优化染料及化学品的成本。

（3）避免重新加工和色光修正的工序。

（4）聚酯的快速染色技术——染色设备和染料的改进设计。

（5）活性染料。阳离子棉的染色更环保。这种染色无须碱和盐，而且可以在合理的低温下用活性染料染色。阳离子剂，如3-氯-2-羟丙基三甲基氯化铵或二烯丙基二甲基氯化铵与3-氨基丙烯-1-烯的共聚物和4-乙烯基吡啶与1-氨基-2-氯乙烷季铵化的共聚物。

（6）硫化染料染色。用无毒、可生物降解、经济的还原糖取代有害的硫化钠。

（7）一次准染色。在这种染色中，省去了检查阶段，从而大幅节省了时间。在监控20个因素的情况下，实现染色过程中的RFT处理。

（8）纺织印染计算机化可实现多种节约，如工艺控制可节省10%~30%的水和能源，同时可节省5%~15%的染料和化学品。自动配药可节省5%~10%的染料、颜料和化学品。计算机控制的称重和盘点可以节省10%~15%的着色剂和化学品。采用染料颜色测量和匹配可节省30%~40%的染料和颜料。

新的绿色染色技术用于纺织工业，以提高可持续性。在间歇式分批染色中，多官能团活性染料在纤维素纤维上实现了 90% 左右的固色率。无化学成分牛仔布加工可用于纺织品生产，以实现可持续性。活性染料冷轧堆—批量染色工艺，使活性染料保持再次激活的可能性。冷转移印花工艺：在此工艺中，活性染料从印刷纸上移出，用冷堆的方法在常温下将活性染料固定在经过预处理的黏胶、棉、丝和亚麻布上。在这个印刷过程中，水资源的消耗较少。激光技术在纺织工业中一直是一项有趣的技术，它可以通过火来破坏染色的牛仔布织物表面或人体模型上的牛仔裤，以重现原来穿过的样子。实际加工一条牛仔裤所需的时间非常快（即不到 15min）。

1.6.3.9　超临界二氧化碳染色

超临界流体具有气体和液体的性质，并且由超出其超临界压力和温度的组分组成。超临界流体的性质介于气体和液体之间。二氧化碳作为一种耐热性、无害性、低成本的超临界流体应用最为广泛。由于其可持续和无风险的特性，它是纺织品染色过程中使用得较好的超临界溶剂。CO_2 是发酵、燃烧和制氨的残留物，因此，对于染色，CO_2 无须特别制造。剩余的染料和 CO_2 通过减压可简单地分离出来，很易于重复使用。在此过程中，染色后不会产生废物，也不需要高耗能的烘干。例如，$scCO_2$ 是非极性溶剂，在涤纶染色过程中不需要分散剂。由于该工艺在 120℃ 下工作，因此高压设备需要很高的投资费用。对活性染料和非活性染料的超临界染色工艺进行了实验研究。通过添加单氟三嗪类活性染料和较少的酸，可使超临界二氧化碳染色的棉织物获得良好的固色率。染色后的棉花洗涤步骤对于消除未固定的染料则不是必需的。但是，水溶性染料在 $scCO_2$ 中不能充分溶解，因此染色仅限于合成纤维。研究人员提出了一种两步法清洗旧丝绸织物的方法，且纤维和织物结构不会受到物理损伤（Höfer et al.，1997）。

1.6.3.10　数码喷墨印花

数码喷墨印刷是可持续发展的技术之一。与纺织工业的传统工艺相比，它消耗的水最少，产生的废物也最少。它有一些好处，如模拟印刷、原型制作、实验和定制。在数码喷墨印花中，墨水在无接触的情况下直接通过喷嘴喷洒在纺织品上。这种技术也称为非接触技术。通过计算机文件中设计的数据，将不同颜色的图案印在纺织品的表面。要获得与人们在屏幕上看到的颜色相同的颜色并不容易。然后，一旦印刷完成，再用热或蒸汽来固化油墨。用于数字喷墨印花的各类型染料，包括酸性染料、活性染料、分散染料、乳胶油墨和在纺织材料如聚酯、棉、丝、锦纶等上的颜料油墨。

1.6.3.11 绿色整理剂

绿色整理剂主要包括无甲醛耐久整理剂、N-羟甲基剂或 N-羟基酰胺类交联剂等。甲醛具有致癌作用。各种无甲醛整理剂具有如下特点：

（1）乙二醛与 N，N-二甲基脲的循环累积。

（2）聚羧酸（PCA）的主要缺点是酸催化的纤维素结构断裂导致抗拉强度下降。有意义的主成分是柠檬酸（CA）和丁烷四羧酸（BTCA）。次磷酸钠的加入，使 BTCA 具有与常规二甲基二氢硅氧烷（DMDHEU）整理类似的长时间耐久性能，但是其价格相当昂贵（Andrews，1990）。

1.6.3.12 纳米表面处理技术

纳米技术是一种可提高比表面积的技术，有助于实现产品的高功能化，并且与同样具有高比表面积的纺织品非常匹配。纺织品在工业和家庭规模的应用对生态产生了相当不利的影响。纳米表面处理通常具有拒油拒水、衣物和织物防污、自洁、耐磨、抗静电或抗菌等特点，从而延长织物材料的使用寿命，并最大限度地减少了干洗或水洗的必要性。某些处理可能会降低熨烫要求，从而节约能源和水。纳米复合材料作为阻燃剂比传统阻燃剂具有更大的优势。纳米复合材料所需的硅酸盐浓度低，密度小，成本低，配方简单。这些材料更具可生物降解性，因为处理过程中不添加卤素、磷酸盐或芳香族化合物。它们在燃烧过程中不会产生更多的一氧化碳和烟尘。纳米黏土在聚合物基体中的分散可显著提高聚合物的性能，特别是阻燃、机械和热性能。块状聚合物中存在的层状硅酸盐如果受热会形成自保护墙。该保护墙减少了燃料的热解，并降低了火焰温度。但是，纤维具有较高的比表面积和富燃表面。该聚合物纳米复合材料可以与低含量的常规阻燃剂结合使用（Jimenez et al.，2007）。

1.6.3.13 绿色复合材料

绿色复合材料依赖于天然纤维（特别是植物纤维），树脂作为石油中常见的不可生物降解成分的替代品，已被逐步用于多种用途。除石油外，植物性淀粉、蛋白质和纤维都是可再生的。此外，这种绿色复合材料在其生命后期可能会毫不费力地进行堆肥，完成自然的碳循环。亚麻纱增强交联大豆粉（CSF）复合材料是完全可生物降解的绿色复合材料，已用于室内应用的二级和一级建筑（Jimenez et al.，2007）。

1.6.3.14　等离子体处理技术

在等离子体处理中，采用激发气相进行干法处理，耗水量小，能耗低。该处理可用于基底最外层的表面清洁、烧蚀或蚀刻、接枝、聚合。原则上，等离子体技术可以用于处理很多天然纤维和化学纤维，如退浆、改变润湿性、发展染料的亲和力和流平性、羊毛的防毡缩整理、羊毛脱脂和织物杀菌。等离子体处理是一种无水、可持续的技术，在湿法化学过程中不会产生废物（Sanghi et al.，2006）。

1.6.3.15　生物吸附剂

与传统的耗能处理相比，生物吸附是一种将水溶液中的阳离子或有机物保持在最低浓度的有效技术。阳离子化棉是天然的、廉价的和可再生的，有时用于去除纺织工业形成的水溶液中的阴离子染料。尽管锯末的吸附量不大，但实验结果为木屑作为生物吸附剂在降低纺织废水污染中的应用提供了有利的一面。木质素是仅次于纤维素和半纤维素的植物生物质的第三重要组成部分（16%～33%），是一种廉价的天然材料，可通过制浆造纸工业的副产品获得。

1.6.3.16　绿色混凝剂

使用明矾和聚合氯化铝（PAC）进行化学混凝，用于在生物处理之前处理废水。此外，过量摄入铝可能会引发人们罹患阿尔茨海默氏症，这些化学物质对人类的持续影响尚不清楚。为了解决这些问题，人们从动植物中提取出可生物降解的天然聚电解质，作为人造聚电解质的有效替代品。天然形成的树胶，特别是狭叶决明子，是酸性染料和直接染料的有效助凝剂。该树胶可作为合成化学混凝剂（如PAC）的功能性替代品（Sanghi et al.，2006）。

1.6.3.17　空气染色技术

空气染色技术控制着染料在纺织品上的使用，不需要耗水。纺织品生产中每磅衣服需要耗费几十吨水。这一过程利用空气代替水来支持染料扩散。与传统的染色方法相比，这一过程的能耗较低。在颜色应用中没有水污染。因此，不会释放危险废物，也不会浪费水。

1.6.3.18　生态标签

生态标签已经发展成为向知识丰富的"绿色"消费者进行营销的主要工具。标签是自愿申报的，是为标签纺织品设立新"标准"的一次干净尝试。这些措施旨在开发更环保的市场，满足消费者减少环境和社会影响的期望。生态标签对于发展可持续的和值得信赖的纺织工业至关重要。一些生态标签包括，Oeko-Tex Standard 100 和 Global Organic Textile Standard Used Globally、BlueAngel、GreenSeal、Eco-mark 等（Sanghi et al.，2006）。

1.7 结论

人们对绿色化学和清洁技术的重视将逐步使增加环境友好型制造系统成为可能。在 21 世纪，"及时"生产可以降低小型精加工工厂的运输和存储复杂性。未来的挑战可能来自于需要了解金融状况及环境疲软、气候变化、资源不足、消费者行为变化等危险，并采取适当行动保护自己、保护环境，提高世界各地人民的生存能力。从更先进的角度看，让几家化工厂从当地的催化剂、原料、试剂等来源中获益，这是相对可以实现的，因为一些事实证明，运输是一个主要问题，其生产将主要是理性地响应区域需求，而不是全球市场前景。因此，绿色可能是地球上最现代的时尚，因为技术在不断发展，公众、发明者和行业变得更加具有生态意识，这对将来有重要意义。

参考文献

［1］Historical Production and Uses of Lead. http：//www. ldaint. org/，2001.

［2］Sustainable Materials. http：//www. sustainablematerials. org. uk/resource/textiles. html，2013.

［3］Anastas P. Twenty years of green chemistry［J］. Chem Eng News，2011，89（26）：62-65.

［4］American Chemical Society History of green chemistry. http：//www. acs. org/content/acs/en/greenchemistry/what-is-green-chemistry/history-of-green-chemistry. html，2015.

［5］Handbook of green chemistry and technology Ltd. Black-well Science. Oxford Clark J，Macquarrie D（eds），2002.

［6］Hutchings G J. Green chemistry has a golden future，Europacat 7. Cardiff University，UK，2005.

［7］Webster's New Millennium Dictionary of English Preview Edition（v0. 9. 7）. Lexico Publishing Group, LLC, USA, 2006.

[8] Smith P G, Scott J S. Dictionary of water and waste management. Elsevier, Oxford, UK, 2005.

[9] US Occupational Health and Safety Administration. OSHA, Under US Department of Labor, http://www. osha. gov/, 2012.

[10] Phipps D A. Chemistry and biochemistry of trace metals in biological systems. In: Lepp NW (ed). Effect of heavy metal pollution on plants [J]. Applied Science Publishers, Barking, 1981.

[11] US Environmental Protection Agency. An introduction to indoor air quality, volatile organic compounds. http://www. epa. gov/iaq/voc. html, 2013.

[12] Manahan S E. Fundamentals of environmental chemistry[J]. CRC Press LLC, Boca Raton, 2001.

[13] Nalawade S P, Picchioni F, Janssen LPBM. Supercritical carbon dioxide as a green solvent for processing polymer melts: processing aspects and applications [J]. Prog Polym Sci, 2006, 31: 19-43.

[14] Scammells P, Scott J, Singer R. Ionic liquids: the neglected issues [J]. Aust J Chem, 2005, 58: 155-169.

[15] Nagendrappa G. Organic synthesis under solvent-free condition: an environmentally benign procedure—I[J] Resonance, 2002, 7: 59-68. http://www. ias. ac. in/resonance. /.

[16] Mohammad A, Inamuddin(eds). Green solvents i: properties and applications in chemistry [M]. London: Springer, 2012.

[17] Green Power Defined. Green Power Partnership US EPA, http://www. epa. gov, 2012.

[18] Poliakoff M, Licence P. Sustainable technology: green chemistry [J]. Nature, 2007, 450 (7171): 810-812.

[19] Teli M D. Textile coloration industry in India[J]. Color Technol, 2008, 124(1): 1-13.

[20] Reddy N, Yang Y. Green Chem https://doi. org/10. 1039/B415102J, 2005, 7(7): 190-195.

[21] Chodak I, Blackburn R S. Sustainable textiles: life cycle and environmental impact[M]. Oxford: Woodhead, 2009: 88-112.

[22] Hawley J M. Textile recycling: a system perspective. In: Y ong Y (ed) Recycling in textiles. Woodhead, Cambridge, 2006.

[23] Moozyckine A U, Davies D M. Green S as a prototype for an environmentally-degradable dye: the concept of a 'green dye' in future green chemistry[J]. Green Chem, 2002, 4:452-458.

[24] Höfer R, Bigorra J. Green chemistry—a sustainable solution for industrial specialties applications[J] Green Chem. https://doi.org/10.1039/b606377b, 2007, 9:203-212.

[25] Ouchi A, Obata T, Oishi T, Sakai H, et al. Reductive total chlorine free photochemical bleaching of cellulosic fabrics, an energy conserving process[J] Green Chem, 2004, 6:198-205. https://doi.org/10.1039/b315580c.

[26] PrešaP, TavčerPF. Low water and energy saving process for cotton pretreatment [J]. Text Res J, 2009, 79(1):76-88. https://doi.org/10.1177/0040517508092019.

[27] Thiry M R. AATCC Rev, 2010, 10(3):32-39.

[28] Höfer R, Feustel D, Fies M. Derivate natürlicherÖlealsRohstoffe fur Lacke und Druckfarben, Welt der Farben, 1997, 11-18.

[29] Andrews B A K. Non-formaldehyde durable press finishing of cotton with citric acid[J]. Textile Chem and Color, 1990, 22:63-67.

[30] Jimenez A B Y, Bismarck A. Surfacemodificationoflignocellulosesfibersinatmospheric air pressure plasma[J] Green Chem, 2007, 9:1057-1066. https://doi.org/10.1039/B618398K.

[31] Sanghi R, Bhattacharya B, Dixit A, Singh V. Cassia angustifolia seed gum as an effective natural coagulant for decolourisation of dye solutions[J]. Green Chem, 2006, 4:252-254.

第2章 棉纤维可持续活性染色技术

M. Gopalakrishnan，**K. Shabaridharan** 和 **D. Saravanan**

摘要：在棉纤维染色方面，活性染料虽然比其他类型的染料具有更高的固色率，但由于反应过程中存在未反应和未水解的染料，导致了废水等相关问题。此外，在浸染过程（30~70g/L）和固色过程（10~20g/L）中使用更高含量的盐也会导致废水中的 COD 含量更高。对染料进行适当的改性以便提高反应活性或降低底物的水解和改性，使其具有更高的反应活性，为此类问题提供了可持续的解决方案。本章讨论了适用于活性染料应用的各种底物的改性范围以及为降低活性染料染色对环境影响而进行的结构改性。

关键词：氯三嗪；共价键；牢度；水解；直染性；表面改性

2.1 引言

Lenzing 公司进行的《2016 年全球纤维消费调查》显示，棉纤维在服饰中占主导地位，其消费量约为 25%（http：//www. lenzing. com/en/investors/equity-story/global-fiber-market. html）。由于棉纤维的柔软性和透气性，大多数服装仍由棉纤维制成。另外，大多数棉质材料的染色均具有全方位的固色性能。在不需要耐氯牢度的情况下，活性染料在棉纤维染色中是优选的，这一点非常重要。在 1956 年将活性染料应用于商业化反应染料之前，棉织物经一定的前处理后，用直接染料、还原染料和酸性染料染色。染料的直染性省去了前处理，简化了染色工艺。更不用说，大量活性染料可以经受严酷的洗涤和使用条件，这满足了客户的需要。活性染料是一种可与纤维素侧链形成很强的共价键，从而获得良好固色性能的染料。活性染料也因其色泽鲜艳和品种繁多而被推荐（Rattee，1984；Rattee，1969）。

活性染料的结构使它们与底物发生共价反应，从而使它们更具吸引力，这也导致对环境的影响较小，并具有相当好的固色性能。典型活性染料分子的特征包括以下几点：

（1）发色基团，对纤维素和大部分物质具有亲和性；

（2）反应体系，使染料能够与纤维素中的羟基反应；

（3）具有连接反应体系与发色团的桥基；

（4）一个或多个增溶基团，通常可连接发色基团上的磺酸取代基。

一般来说，活性染料会与纤维素中的羟基反应，并在碱性条件下与纤维素形成共价键，这在过去已被广泛研究。大多数情况下，一个纤维素分子附着在活性染料中的一个活性位点上。然而，有时两个纤维素分子可能附着在染料中的两个活性基团上。活性染料还与水中存在的羟基发生反应，导致染料的水解和损失。这些失活染料不能进一步与纤维素发生反应，从而导致废水负荷增加。这些水解染料不仅导致上染率低，还可能导致固色性能差，需要严格的洗涤和皂洗处理才能去除未固色的染料。活性染料更倾向于纤维素而不是水分子，因此，60%~70%的活性染料在棉纤维上以原始的形式消耗，30%~40%的染料可能与水反应而导致较低的得色率（Carliell et al.，1998）。

然而，人们为了提高纤维和染料之间的反应活性，经常探索对活性染料的结构和反应表面（纤维和织物）进行适当的改性，从而减小对环境的影响。表2-1显示了提高反应活性和减少排放到废水中未反应染料量的各种可能情况。

表2-1　减小环境影响的可持续工艺——活性染料的应用

加工方法	反应体系	可能产生的影响
常规工艺	活性染料+棉纤维+反应介质	反应介质中染料的水解 与底物的低反应性 废水中未反应的染料
可持续工艺	改性活性染料+棉纤维+反应介质	染料中活性位点更多 与底物的反应（固色）性更好 废水中染料低残留
	活性染料+改性棉纤维+反应介质	更宽的 pH 耐受范围 更宽的温度耐受范围 对助剂要求较低 较短的洗涤周期
	改性活性染料+改性棉纤维+反应介质	染色混纺织物的可能性 染色牢度高 相关污染物少（染料和助剂中的游离金属和其他物质）

2.1.1　活性染料体系

表 2-2 列出了活性染料体系，然而，所有这些染料中只有几个活性染料体系应用于工业中（Shore，1995）。ICI 首次发明二氯三嗪活性染料后，又开发出活性较低的单氯三嗪染料，该染料通过减少水解来改善染浴上染率。Cibacron F 系列染料以氟为离去基团，比 2-氨基-4-氯类化合物具有更高的反应性。Remazol 是一种乙烯基砜活性染料，具有 2-磺乙基磺酰基前体，其反应性介于高反应性杂环体系（如二氯三嗪）和低反应性体系，如氨基氯三嗪或三氯嘧啶（Chinta et al.，2013；Zuwang，1998）之间。

表 2-2　重要活性染料体系

	染料体系	经典品牌
单官能团型染料	二氯三嗪	Procion MX
	氨基氯三嗪	Procion H
	氨基氟三嗪	Cibacron F
	三氯嘧啶	Drimarene X
	氯二氟嘧啶	Drimarene K
	二氯喹喔啉	Levafix E
	磺胺乙基砜	Remazol
	β-羟乙基砜硫酸酯	Remazol D
双官能团型染料	双（氨基氯三嗪）	Procion H-E
	双（氨基烟碱基三嗪）	Kayacelone React
	氨基氯三嗪—硫酸（亚硫）乙基砜	Sumififix Supra
	氨基氟三嗪—硫酸（亚硫）乙基砜	Cibacron C

2.1.2　双官能团 HE 型活性染料

HE 型活性染料有两个三嗪基染料基团，分为低亲和力（如 M 型活性染料）、高上染率和固色性（与 M 型活性染料不同）。由于染浴上染率很高，残存在染浴中的水解染料含量较少，易于对染品进行洗涤。一氯三嗪染料比二氯三嗪染料活性小，稳定性高。由于染料结构中存在两种一氯三嗪染料，如果其中一种染料被水解，另一种染料在碱性条件下与纤维素反应的概率较大，从而导致较高的上色率，水解染料较少。

2.2　新型活性染料

由于所采用的工艺条件不同，一种活性染料不能适应所有应用方法。因此，染料生产厂家往往针对不同的应用条件，开发出一系列新的活性染料，如用于浸染型或竭染型染色应用、低反应性和高亲和力的染料可获得最佳效果。类似的，高反应性的染料被开发用于连续工艺。单一结构的染料要想满足上述需要，往往需要更多的染料来弥补水解造成的损失，增加助剂的添加量以增加染料的上染率和固色率。这些措施导致废水处理系统中的污染负荷更高。因此，要么改变所用染料的结构以改善上染率和耐受工艺条件，要么对应用过程中涉及的底物进行改性以提高染料纤维之间的反应性，其中任何一种方法的应用都是势在必行的。在本节中，列出了市面上可以买到的一些新的高上染率的活性染料，适用于浸染法和连续法染色工艺。

2.2.1　浸染的新型活性染料

染料制造商不断开发新的染料，通过减少对环境的影响来提高可持续性。目前，市场上出现了一系列新的活性染料，目的是增强染料的亲和性，从而减少染料浪费和降低废水负荷。表 2-3（http：//www.jaychemical.com/reactive-dyes.php；http：//www.huntsman.com/textile ＿ effects/a/Products/Dyes/Cellulosics/Reactive%20dyes%20for%20Exhaust%20Processes）列出了染料和类型、商品名称、制造商和应用清单。这些染料具有较高的固色率、较短的洗涤周期和较低的污水负荷。这些染料还表现出更好的上染性能，即使在低盐添加量下也具有良好的重现性。

表 2-3　改进染料固色率以提高反应性

序号	染料名称（商品名称）	染料类型	反应系统的改进
1	Huntsman-A VITERA® SE	多活性染料 活性染料（60℃浸染）	固色率高 洗涤周期短 低用水量 节约能源

续表

序号	染料名称（商品名称）	染料类型	反应系统的改进
2	Huntsman-NOV ACRON® LS	新型双活性染料（70℃浸染）	只需常规活性染料25%的盐 强上染性和高固色性 重现性好，污染少 可对涤纶/纤维素（PES/CEL）混纺织物进行一浴染色，节省染色时间
3	Huntsman-NOV ACRON® FN	活性染料（60℃浸染）	溶解度高 扩散平整度好，固色率高 适用于短绒染色，具有优异的相容性、优良的重现性，易洗脱，固色率好
4	Huntsman-NOV ACRON® S	活性染料（高活性；60℃浸染）深色冷轧堆染色	专为中至深色调开发，展现出色的增强效果，可以染得非常暗的色调 为棕色、波尔多和黑色配方提供了显著的成本优势 具有极佳的重复性和易洗涤性
5	Huntsman-NOV ACRON® TS	活性染料（60℃浸染）	在优化成本的同时满足市场对固色率的需求 推荐用于中至深色，可提供一致的平整度和可重复的效果
6	Huntsman-NOV ACRON® W	活性染料（高活性；60℃浸染）	专为中至深色调开发 具有出色的增强效果，并可实现染得非常深的色调 为棕色、波尔多和黑色配方提供了显著的成本优势 提供极佳的重现性和易洗涤性
7	Jay chemicals-Jakofix HE	同型双官能团染料	适用于丝光和漂白的经济型产品
8	Jay chemicals-Jakofix Supra HR	同型双官能团染料	在较难染色条件下具有极佳的重现性以及在RFT等级的聚酯混纺织物中的极佳重现性 在较难染色条件下，如绞盘和橱柜染色机以及在黏胶/莱卡混纺织物或厚接缝服装上具有优异的匀染性 耐反复家用洗涤 耐硼酸盐湿褪色 良好的耐汗渍和耐日晒固色牢度
9	Jay chemicals-Jakazol LD	杂双官能团染料	易清洗工艺，适用于短流程 兼容性好，重现性好，一次上染率高 匀染性好 易洗褪色

续表

序号	染料名称（商品名称）	染料类型	反应系统的改进
10	Jay chemicals-Jakazol CE	杂双官能团染料	适用于短流程的简易清洗工艺 减少了尾纱堆积 对中厚色调有很好的增强作用 高 RFT 水平的良好重现性 适用于热浸染、浸轧烘干/化学浸轧汽蒸、浸轧烘干/浸轧汽蒸、浸轧烘干/热定型和反应活性控制
11	Jay chemicals-Jakazol DS	多官能团染料	适用于短流程的简易清洗工艺 非常高强度的产品，为深色调提供极佳的增强效果 良好的耐洗涤性和色牢度水平 耐过硼酸盐湿褪色 耐反复家用洗涤 适用于热浸染、浸轧烘干/化学浸轧汽蒸、浸轧烘干/浸轧汽蒸、浸轧烘干/热定型和反应活性控制
12	Jay chemicals-Jakazol VS	乙烯基砜染料	适用于短流程的简易清洗工艺 产品种类繁多，适用于宽广的色域 多种选择，经济实惠的黑色和海军蓝色调 良好的洗涤性能，具有良好的固色水平 适用于热浸染、浸轧烘干/化学浸轧汽蒸、浸轧烘干/浸轧汽蒸、浸轧烘干/热定型和反应活性控制
13	Jay chemicals-Jakazol HLF	高光牢度染料	适用于短流程的简易清洗工艺 耐洗涤性能好，色牢度水平高 具有浅色调的高耐日晒色牢度 重现性好，具有良好的 RFT 级与匀染性的兼容性 没有适用于热浸染、浸轧烘干/化学浸轧汽蒸、浸轧烘干/浸轧汽蒸、浸轧烘干/热定型和反应活性控制

2.2.2 连续染色的新型活性染料

在连续染色的情况下，预计水解的概率很小，因此低亲和性和高活性的活性染料是首选。表 2-4 列出了市场上可用的活性染料系列，它们的化学结构和亲和性水平不

同 （http：//www.jaychemical.com/reactive － dyes.php；http：//www.huntsman.com/
textile _ effects/a/Products/Dyes/Cellulosics/Reactive% 20dyes% 20for% 20Exhaust%
20Processes）。这些染料有望在轧染法、轧补法和印花等连续染色工艺中获得更好的
性能，在色度或颜色的重现性、易洗涤和良好的反应性方面保持良好的性能，通过减
少洗涤周期来降低染色成本，增加上染率和减小废水负荷，并表现出改善的综合固色
性能。

表 2-4　连续染色中推荐使用的高上染率活性染料

序号	染料名称	染料类型	对加工的影响
1	Huntsman-NOV ACRON® C	双官能团活性染料（高活性、中低活性）	固色率高，重现性好 废水处理问题少，固色性能好
2	Huntsman-NOV ACRON® S	活性染料（高活性；60℃浸染）	专为中至深色调开发 具有出色的堆染效果，可实现非常深的色调，包括棕色、波尔多和黑色 具有很高的重现性和易于洗涤
3	Huntsman-NOV ACRON® TS	活性染料（60℃浸染）	推荐用于中等至深色色调 提供一致的水平度和可重复的结果，有助于最大限度地提高工厂效率和生产率
4	Huntsman-NOV ACRON® Brilliant Yellow EC-4G	高性能活性染料	提供鲜艳的柠檬黄成分，专为在极小浴比下染色而设计 具有非常好的洗涤性和非常好的整体固色性 与其他 NOV ACTRON® EC 染料有很好的可配合性
5	Huntsman-NOV ACRON® P，NOVACRON® PLiq.	活性染料（低亲和力；印花）	亲和力低，洗涤性能非常好，减少了回染
6	Jay chemicals-Jakazol CE	杂化双官能团染料	适用于短流程的简易清洗工艺 少拖尾、少挂牌 对中厚色调有很好的增强作用 良好的重复性，适用于高 RFT 级别 适用于热浸染、浸轧烘干/化学浸轧汽蒸、浸轧烘干/浸轧汽蒸、浸轧烘干/热定型和反应活性控制

序号	染料名称	染料类型	对加工的影响
7	Jay chemicals-Jakazol DS	多官能团染料	适用于短流程、高强度产品的简易清洗工艺 为非常深的色调提供极好的增强效果 良好的洗涤性和色牢度水平 耐过硼酸盐湿褪色 耐多次家居洗涤 适用于热浸染、浸轧烘干/化学浸轧汽蒸、浸轧烘干/浸轧汽蒸、浸轧烘干/热定型和反应活性控制
8	Jay chemicals-Jakazol VS	乙烯基砜染料	适用于短流程的简易清洗工艺 多种选择，经济实惠的黑色和海军蓝色调底色用可脱色染料的范围 良好的耐洗涤性能，具有良好的色牢度水平 适用于热浸染、浸轧烘干/化学浸轧汽蒸、浸轧烘干/浸轧汽蒸、浸轧烘干/热定型和反应活性控制
9	Jay chemicals-Jakazol HLF	高光牢度染料	适用于短流程的简易清洗工艺 耐洗涤性能好，色牢度好 浅色调耐日晒色牢度高 一次重现性好 匀染性好 没有适用于热浸染、浸轧烘干/化学浸轧汽蒸、浸轧烘干/浸轧汽蒸、浸轧烘干/热定型和反应活性控制

2.3 活性染料的改性

活性染料和纤维素在水介质中均具有阴离子性质，两者相互排斥。此外，市售活性染料由于缺乏亲和性，上染性差，较易水解。在本节中，重点介绍一些对商用活性染料进行改性以克服这些弊端。

2.3.1 乙烯基砜活性染料的改性

最初的乙烯基砜活性染料含有β-磺酸乙基砜基团，这是一个带有亲核剂的非反应性基团。在染色过程中，β-磺酸乙基砜基团通过亲核加成反应消除并生成游离的乙烯基砜活性染料，与亲核试剂（水、胺、醇和纤维素）反应并形成共价键，反应的水解率在 40% 左右。用交联剂二磺化双乙基砜改性的染料暂时提高了活性染料的活性，在碱性固色过程中，染料消除了 β-磺酸乙基砜基团，形成了两个小的乙烯基砜活性染料，从而改善了上染率，使未固色的染料易于洗涤（Lewis et al.，2000）。

为制备二硫代二乙基砜二胺中间体，将 1-氨基苯-4-S-二硫代乙基砜（Bunte 盐）在 pH=7 的蒸馏水中用巯基乙醇酸在室温下溶解 2h。沉淀物用蒸馏水洗涤，然后在烤箱中烘干。随后，将二硫化物中间体以滴加亚硝酸钠溶液的方式溶解在浓硫酸中，同时将温度保持在 5℃ 以下。加入硫酸除去多余的亚硝酸，在低于 4℃ 的温度下，将溶液加入预先溶解的 1-萘酚-3,6-二磺酸的中性溶液中。2h 后，加入氯化钠使橙色染料盐析，然后在室温下洗涤和干燥。

DSBES 染料的染色涉及加盐的常规活性染色过程。染色织物即使在较低的盐浓度下也可表现出很好的一次上染率，二次固色阶段需要较高的盐浓度。

2.3.2 吡啶型阳离子活性染料的改性

吡啶基模型阳离子活性染料的合成是在纯化的 1,4-二氨基-5-硝基蒽醌和丙酮的混合物中加入预先制备的三聚氰酸和丙酮溶液。混合物在室温下连续搅拌 4h，作用完成后，将氯化吡啶和蒸馏水溶液加入上述溶液中，沉淀提纯干燥。

采用不加盐的上染法将改性后的阳离子染料应用于棉织物上。棉织物先用预先溶解的改性阳离子活性染料浸泡 10min，室温下保温 10min，然后以 2℃/min 的速度升温至 85℃，10min 后加入碳酸钠，在 85℃ 下继续染色 45min，染色后洗涤。用改性后的活性染料染色，引入吡啶盐增溶基团，比普通活性染料具有更好的上染率和固色率，并且不需要添加盐，耐水洗色牢度高（Srikulkit et al.，2000）。

2.3.3 双二氯三嗪活性染料（Bis-DCT）的改性

中间体双乙二胺在 pH=13 下溶解于水中（胺的去质子化增加溶解度），然后用盐酸将 pH 降低到 10。将染料溶液加入氯化氰的冰冷溶液中，机械搅拌。待 pH 稳定，用盐酸将溶液 pH 降低到 7，再用磷酸氢二钠和磷酸二氢钠将 pH 降低到 6.4。

将混合物过滤、离心和洗涤，除去残留的氰尿酸氯化物，然后干燥合成的双二氯－S－三嗪染料用于60℃棉织物的染色。改性的双二氯三嗪染料比二氯三嗪染料表现出良好的上染性能，上染率可达90%～95%（Morris et al.，2008；Sugimoto，1992）。

2.3.4　二氯三嗪活性染料的改性

棉织物最初用一氯三嗪、二氯三嗪等活性染料染色，由于水解染料比例较高，上染率较低。一些研究人员报道了上染率高的改性染料，其中一种改性方法是将两种二氯三嗪染料结合起来。将两种商用DCT染料与半胱胺、三聚氯氰结合制备改性活性染料（Smith et al.，2006）。

改性染料的应用是按照常规的盐和碳酸氢钠染色程序进行的。与商品活性染料相比，改性活性染料表现出更快的完全上染率，在90℃加盐时的上染率比原商品染料高约25%（Zheng et al.，2012；Fujioka et al.，1982）。

2.4　棉纤维的阳离子改性

棉织物由于色牢度好、色泽鲜艳，多用活性染料染色。但是，由于活性染料和棉（纤维素）在性质上都属于阴离子，且在水介质中相互排斥，因此，活性染料在水介质中对棉的亲和力较小。所以，用活性染料染棉纤维需要大量的电解质来提高活性染料对棉的亲和力（Ameri et al.，2013；Teng et al.，2013）。大量的电解质（氯化钠或硫酸钠）被用来暂时将棉纤维的极性从阴离子变为阳离子，以克服活性染料缺乏亲和力的问题。此外，由于活性染料可能被水解，即使加入电解质（80～100g/L），未固着染料的量也较多（30%～40%）。如果染料或纤维素是阳离子化的，两者就会相互吸引，废水的负荷将很小（低盐）。另外，阳离子化棉纤维中未固定染料的量也较少，因此在废水处理过程中脱色变得更容易（Blackburn et al.，2002）。据研究报道，在染色前对棉纤维进行阳离子处理以增强活性染料对纤维素的亲和力，从而减少废水中电解质和色度的方法。

2.4.1　纤维素的氧化

棉纤维上所带的电荷主要取决于其化学结构和酸性基团的解离。氧化过程改变了纤维素表面可及酸性基团的含量和酸性基团的含量。温和的氧化过程选择性地在纤维素链的 C2 和 C3 位置引入羧基。棉织物用 0.01mol/L 的高碘酸钾水溶液在 20℃下氧化 6h，在 C2 和 C3 位置引入醛基，然后用 0.2mol/L 的亚氯酸钠在 20℃下进一步处理 24h，对醛基进行选择性氧化，提高了棉织物的亲和性，并提出了在阳离子化前进行氧化工艺，以提高阳离子化过程的效率（Fras et al.，2005）。

2.4.2　棉织物前处理的阳离子剂

2.4.2.1　壳聚糖——聚阳离子剂

纤维素聚合物中的单糖为 D-葡萄糖，而壳聚糖中含有 2-氨基-2-脱羟基-D-葡萄糖（Singha et al.，2013）。壳聚糖聚合物中氨基的存在使其以聚阳离子聚合物的形式溶解在稀酸性水溶液中，而棉花则不溶于水。这使得棉花可以用阳离子聚合物进行处理，以改善棉花对直接染料和活性染料等阴离子染料的可染性。将壳聚糖用 1% 的酸性水溶液在 60℃溶解，制备了壳聚糖基阳离子聚合物。氧化后的织物样品在 60℃的壳聚糖溶液中恒定搅拌浸泡 2h，所得织物反复洗涤以除去未反应的壳聚糖，晾干（Bhuiyan et al.，2014；Kitkulnumchai et al.，2008）。

2.4.2.2　叔胺阳离子聚丙烯酰胺（TACPAM）

TENG Xiaoxu 等采用叔胺阳离子聚丙烯酰胺（TACPAM）作为阳离子剂对其进行处理。对漂白棉织物进行阳离子化时，用 2% 叔胺阳离子聚丙烯酰胺（TACPAM）在 20℃下浸泡 2min，并在 100℃下处理 5min（Teng et al.，2010）。经阳离子处理剂处理的织物可用热门品牌或 ramazol 活性染料染色。整理后的织物按常规染色程序染色，不加盐，阳离子剂浓度影响织物上阳离子位点的数量，阳离子剂浓度越高，阳离子位点越多，但如果阳离子剂浓度增加（超过 2%），活性染料的固色率就会降低。

2.4.2.3　脂肪胺季铵化聚乙二醇醚（SINTEGAL V7CONC）

阳离子剂 SINTALL V7 浓缩液通过改变阳离子剂溶液浓度（0.5g/L，1g/L，2g/L）在 50℃（无盐）条件下处理 30min（Risti'c et al.，2012），在棉织物上进行浸染法应用。加入 10g/L Na$_2$CO$_3$ 后继续处理 30min。所得阳离子织物样品在稀醋酸溶液中中和，漂洗，干燥。

2.4.2.4　3-氯-2-羟丙基三甲基氯化铵

活性物质 3-氯-2-羟丙基三甲基氯化铵用于生产阳离子棉，碱含量为 65%。在一种典型的工艺中，棉织物要用 65% 的 3-氯-2-羟丙基三甲基氯化铵和 50% 的氢氧化钠进行填充。纺织品经过包裹，避免二氧化碳迁移和与碱反应中和，室温放置 24h 时，再在水中漂洗几次，最后中和。建议在添加染料之前用碳酸钠（5g/L）和氢氧化钠（0.7g/L）对填充物进行染色。随后，将染浴温度提高到 60℃，并在 pH 为 5~6 的条件下继续染色 30min。该工艺改性阳离子棉的得色率高于未处理棉织物的 50%，而且由于添加了大量的电解质、氯化钠，可用于活性染料染色。用活性染料染色的阳离子化棉花试样的耐洗牢度和耐日晒色牢度几乎与未经处理的棉花试样相近（Arivithamani et al.，2017；Wang et al.，2009；Ren et al.，2006；Heinze et al.，2004；Subramanian et al.，2006）。

2.4.2.5　聚环氧氯丙烷—胺聚合物

将环氧氯丙烷与二甲胺以 1∶3 的比例在 95℃ 下反应 18h，合成阳离子剂，纯化后的阳离子剂环氧氯丙烷—二甲胺（ECH-amine）用浸染法或轧干法涂抹在棉织物上。浸染法采用阳离子剂（4g/L）和氢氧化钠（4g/L），料液比 1∶25，在沸腾的温度下浸染 50min；轧干法采用阳离子剂（25g/L）和氢氧化钠（10g/L）。T.S Wu 和 Km Chen 报道了低浓度阳离子试剂的产色率较低，且随着阳离子试剂浓度的增加而增加，在达到最佳点（4g/L）后，产色率的增加非常小（Evans et al.，1984）。

2.4.2.6　聚氯乙烯

反应性高分子季铵化合物、胺或酰胺在染色前作为预处理用于对棉进行改性，以显著改善染料更新（Teng et al.，2010；Lewis et al.，1997）。然而，这类前处理的问题是染料和匀染剂的合理选择。聚氯乙烯（PVAmHCl）对聚合染料具有广泛的螯合性能，PVAmHCl 具有显著比例的阳离子中心（$^+NH_3Cl^-$）和存在于 PVAm-HCl 的伯氨基中的亲核中心，这在无盐染色中很明显。在 pH 为 7 的条件下，用磷酸二氢钠和氢氧化钠在 5g/L 的浓度下轧辊涂布 PVAmHCl。将预处理后的织物样品在 100℃ 下烘干，并固化 10min。对预处理后的棉花试样进行染色后，采用常规的活性染色程序，无须加盐。前处理棉的上染率随前处理浓度的增加而增加，最高可达 10g/L，具有优异的色牢度性能（Ma et al.，2005）。

2.4.2.7　端氨基超支化聚合物

高支化聚合物、树枝状大分子和超支化聚合物是目前广泛采用的对棉织物进行改性以实现匀染无盐染色的首选方法。端氨基超支化聚合物中含有丰富的氨基，是改善无盐棉活性染色性能的最佳阳离子剂之一。其三维结构和良好的溶解性解决了预处理后染色不均匀的问题（Zhang et al.，2007）。

以二乙三胺、丙烯酸甲酯和甲醇为原料，按 Feng ZHANG 等的方法合成了端氨基超支化聚合物。以柠檬酸为黏合剂，将端氨基超支化聚合物应用于棉织物的轧染上，在 160℃烘干焙烘 3min。整理后的棉织物采用常规染色流程（使用活性染料），不加盐，比未处理的棉织物的颜色强度提高了 30%。然而，经处理和未经处理过的棉花试样都表现出相似的耐水洗色牢度等级，而经处理过的棉织物表现出良好的匀染性（Zhang et al.，2007）。

一般而言，使用阳离子聚合物对棉织物进行化学改性后，织物表现出优异的上染率和良好的固色性能。在用阳离子试剂对预处理织物染色时，无须添加盐，从而降低了废水负荷（Cai et al.，1999；Wu et al.，1993；Hauser et al.，2001）。虽然染料改性和阳离子化提高了棉织物的上染率并消除了盐的添加，但这些方法大多处于研究水平，还没有广泛商业化，但冷轧堆工艺消除了大量作为脱染剂的盐的添加，与浸染工艺相比，染色所需的水量更少。这些工艺的其他特点包括：

（1）成本比常规染色工艺低；

（2）消除电解质和其他特殊物质；

（3）优异的耐湿牢度性能；

（4）降低能耗和水耗；

（5）染色匀染性好；

（6）染料水解率较低。

Kusters 提供从半连续到连续加工的各种染色设备，在新的产品系列中，Kusters 引入了游泳辊（S 辊）系统的概念，配备了偏转控制辊来控制线性压力，以实现整个织物宽度的均匀压力 ［www.benningergroup.com；Khatri et al.，2014；Cpb T，Ag B The latest developments in the CPB dyeing process（Cold Pad Batch Process），2015；Nitayaphat et al.，2017；Khatri et al.，2015］。

2.5　提高棉纤维活性染色可持续性的其他影响因素

2.5.1　有机盐的应用

棉纤维和织物的阴离子染料染色涉及大量无机电解质、氯化钠或硫酸氢钠，增加了废水处理的难度。建议用竭染剂醋酸钠和柠檬酸钠替代氯化钠。Abo Farha S. A. 等和 Nahed S. E. 报道了使用以有机盐乙二胺四乙酸钠为促染剂，用无碱活性染料为棉织物染色的应用，Reda M. El-Shishtawy 等分析了乙二胺四乙酸钠对异型双官能团活性染料与棉毛混纺织物染色的影响，发现与氯化钠相比有机盐用量较少时上染率最高，固色率随碳酸钠浓度的增加而增加，在 15g/L 时达到最佳值。Yu Guan 等研究了可生物降解有机盐、聚羧酸钠盐在棉织物活性染色中的作用。添加约 60g/L 的有机盐（聚羧酸钠盐）对棉织物进行在有碱或无碱条件下的活性染料染色，以聚羧酸为上染剂的活性染料染色样品的染色强度与以氯化钠为上染剂的样品相近。Yu Guan 等认为乙二胺四乙酸钠的高碱性会导致染料水解，很难控制（El-Shishtawy ct al. ，2007；Farha et al. ，2010；Guan et al. ，2007）。

2.5.2　泡沫染色

在过去，人们往往认为水资源量大，廉价，易获取，这恰恰误导了加工业的各种工艺设计。纺织工业中在水洗、漂白、染色和后整理中会大量消耗水。但随着人们认识到废水对环境的严重影响以及科学技术的进步，人们开始致力于减轻废水负荷，并在加工工业中寻找一种替代方法来减少用水量。泡沫染色就是这样一种工艺，它只需要很少的水就可以对纺织材料进行染色。此外，在泡沫染色过程中几乎不排放染料，干燥材料所需的能量也非常少。Hong Yu 等（2014）分析了泡沫性能对棉活性染料染色的影响，将表面活性剂和稳定剂以 100r/min 的速度与水溶液混合 3min，染料溶液与发泡剂和稳定剂纠缠混合。棉的染色是在轧染机上进行的，也可以通过印花的方法进行。泡沫染色的工艺流程为：

泡沫产生→应用泡沫→148℃下蒸 4min→皂洗除去未固定的染料→洗涤 Hong Yu 等（2014）认为泡沫染色可以提高颜色强度，并且可以获得 0.1~0.2mm 气泡尺寸的均匀染色（Lewis，1993；Philips，1996；Zhang et al.，2017）。

2.6　结论

纤维和织物染色是成衣生产中必不可少的一道工序，但同时也增加了环境污染和废水的负荷。人们尝试通过改变底物和染料本身，来提高染料的亲和性，从而降低废水负荷。双官能团和多功能活性染料是染料制造商在这一方向上开发的创新解决方案之一，同时，人们正在做出新的努力来改性底物以容纳更多染料，并在工艺中使用较少的助剂，尽可能达到微量残留进入废水。加工企业有意识地在生产的各个阶段结合使用这些创新的解决方案，这样可以为现有的生产实践提供可持续的解决方案，并显著降低对环境的影响。

参考文献

［1］http://www. lenzing. com/en/investors/equity-story/global-fiber-market. html.

［2］Rattee I D. Reactive dyes for cellulose 1953-1983. Rev Prog Color,1984,14:50-57.

［3］Rattee I D. Reactive dyes in the coloration of cellulosic materials［J］Soc Dye Colour,1969, 85:23-31. https://doi. org/10. 1111/j. 1478-4408. 1969. tb02849. x.

［4］Carliell C M,Barclay S J,Shaw C,et al. The effect of salts used in textile dyeing on micro-bialdecolourisation of a reactive azo dye［J］Environ Technol（United Kingdom）,1998,19: 1133-1137. https://doi. org/10. 1080/09593331908616772.

［5］Shore J. Cellulosics dyeing. Society of Dyers and Colourists,1995.

［6］Chinta S K,Vijaykumar S . Technical facts and figures of reactive dyes used in textiles［J］. Int J Eng Manag Sci,2013（4）:308-312.

［7］Zuwang W. Recent developments of reactive dyes and reactive dyeing of silk［J］. Rev Prog Color Relat Top,1998,28:32-38. https://doi. org/10. 1111/j. 1478-4408. 1998. tb00117. x.

［8］http://www. jaychemical. com/reactive-dyes. php.

［9］http://www. huntsman. com/textile_effects/a/Products/Dyes/Cellulosics/Reactive% 20dyes %20for%20Exhaust%20Processes.

［10］Lewis D M,Renfrew A H,Siddique A A. The synthesis and application of a new reactive dye based on disulfide−bis−ethylsulfone[J]. Dye Pigment,2000,47:151−167.

[11]Srikulkit K,Santifuengkul P. Salt−free dyeing of cotton cellulose with a modelcationic reac−tive dye [J]. ColorTechnol, 2000, 116: 398 − 402. https://doi. org/10. 1111/j. 1478−4408. 2000. tb00017. x.

[12]Morris K F,Lewis D M,Broadbent P J. Design and application of a multifunctional reac−tive dye capable of high fixation efficiency on cellulose[J]Color Technol,2008,124:186−194. https://doi. org/10. 1111/j. 1478−4408. 2008. 00140. x.

[13]Sugimoto Tadaaki. Neutral−Fixing reactive dyes for cotton Pt 2−Commercial reactive dye-stuff and their classification[J]. JSDC,1992,108:497−500.

[14]SmithB,BergerR,FreemanHS. Highaffinity,highefficiencyfibre−reactivedyes. Color Technol 122:187−193. https://doi. org/10. 1111/j. 1478−4408. 2006. 00032. x.

[15]Zheng C,Yuan A,Wang H,Sun J. Dyeing properties of novel electrolyte−free reactivedyes on cotton fibre [J]. Color Technol, 2012, 128: 204 − 207. https://doi. org/10. 1111/j. 1478−4408. 2012. 00364x.

[16]Fujioka S S,Abeta S . Development of novel mixed reactive reactive dyes with system[J]. Dye Pigment,1982,3:281−294.

[17]Ameri Dehabadi V,Buschmann H J,Gutmann J S. Pretreatment of cotton fabrics with poly−amino carboxylic acids for salt−free dyeing of cotton with reactive dyes[J]. Color Technol, 2013,129:155−158. https://doi. org/10. 1111/cote. 12010.

[18]Teng X X,Shi J W,Zhang S F. Impact of reactive dye structures on dyeing properties insalt−free reactive dyeing[J], 2013, Adv Mater Res 781 − 784: 2716 − 2721. https://doi. org/10. 4028/www. scientific. net/AMR. 781−784. 2716.

[19]Blackburn R S,Burkinshaw S M. A greener approach to cotton dyeings with excellent wash fastness[J]. Green Chem,2002,4:47−52. https://doi. org/10. 1039/B111026H.

[20]Fras L,Johansson L S,Stenius P,et al. Analysis of the oxidation of cellulose fibres by titra−tion and XPS [J] Colloids Surf APhysicochemEng Asp, 2005, 260: 101 − 108. https://doi. org/10. 1016/j. colsurfa. 2005. 01. 035.

[21]Singha K,Maity S,Singha M. The salt−free dyeing on cotton:an approach to effluentfree-mechanism;can chitosan be a potential option[J]. Int J Text Sci,2013,1:69−77. https://doi. org/10. 5923/j. textile. 20120106. 03.

[22]Bhuiyan M A R,Shaid A,Khan M A . Cationization of cotton fiber by chitosan and its dye-

ing with reactive dye without salt. Chem Mater Eng 2：96-100. https：//doi. org/10. 13189/cme，2014. 020402.

［23］Kitkulnumchai Y，Ajavakom A，Sukwattanasinitt M. Treatment of oxidized cellulose fabric with chitosan and its surface activity towards anionic reactive dyes［J］. Cellulose，2008，15：599-608. https：//doi. org/10. 1007/s10570-008-9214-8.

［24］Teng X，Ma W，Zhang S. Application of tertiary amine cationic polyacrylamide with high cationic degree in salt-free dyeing of reactive dyes［J］. Chin J Chem Eng，2010，18：1023-1028. https：//doi. org/10. 1016/S1004-9541(09)60163-4.

［25］Risti′c N，Risti′c I. Cationic modification of cotton fabrics and reactive dyeing character-Istics［J］. Eng Fiber Fabr，2012，7：113-121.

［26］Arivithamani N，Dev V R G . Cationization of cotton for industrial scale salt-free reactive dyeing of garments［J］. Clean Technol Environ Policy，2017，19：2317-2326. https：//doi. org/10. 1007/s10098-017-1425-y.

［27］Wang L，Ma W，Zhang S，et al. Preparation of cationic cotton with two-bath pad-bakeprocess and its application in salt - free dyeing［J］Carbohydr Polym，2009，78：602-608. https：//doi. org/10. 1016/j. carbpol. 2009. 05. 022.

［28］Ren J L，Sun R C，Liu C F，et al. Two-step preparation and thermal characterization ofcationic 2-hydroxypropyltrimethylammonium chloride hemicellulose polymers from sugar-cane bagasse［J］PolymDegrad Stab，2006，91：2579-2587. https：//doi. org/10. 1016/j. polymdegradstab. 2006. 05. 008.

［29］Heinze T，Haack V，Rensing S. Starch derivatives of high degree of functionaliza-tion. 7. Preparation of cationic 2-hydroxypropyltrimethylammonium chloride starches［J］. Starch/Staerke，2006，56：288-296. https：//doi. org/10. 1002/star. 200300243.

［30］Subramanian Senthil Kannan M，Gopalakrishnan M，Kumaravel S，et al. Influence of cation-ization of cotton on reactive dyeing［J］. Text Apparel Technol Manag，2006，5：1-16.

［31］Evans G E，ShoreJ，Stead C V. Dyeing behavior of cotton after pretreatment with reactive quaternary compounds［J］Soc Dye Colour，1984，100：304-315. https：//doi. org/10. 1111/j. 1478-4408. 1984. tb00946. x.

［32］Lewis D M，Mcllroy K A. The chemical modification of cellulosic fibres to enhance Dye-ability［J］. Rev Prog Color，1997，27：5-17. https：//doi. org/10. 1111/j. 1478-4408. 1997. tb03770. x.

[33] Ma W, Zhang S, Tang B, Yang J. Pretreatment of cotton with poly (vinylamine chloride) for salt-free dyeing with reactive dyes [J]. Color Techonol, 2005, 121: 193 – 197. https://doi. org/10. 1111/j. 1478-4408. 2005. tb00272. x.

[34] Zhang F, Chen Y, Lin H, Lu Y. Synthesis of an amino-terminated hyperbranched polymer and its application in reactive dyeing on cotton as a salt-free dyeing auxiliary [J]. Color Technol, 2007, 123: 351-357. https://doi.. org/10. 1111/j. 1478-4408. 2007. 00108. x.

[35] Cai Y, Pailthorpe M T, David S K. A new method for improving the dyeability of cotton with reactive dyes [J]. Text Res J, 1999, 69: 440 – 446. https://doi. org/10. 1177/004051759906900608.

[36] Wu T S, Chen K M. New cationic agents for improving the dyeability of cellulose fibres. Part 2-pretreating cotton with polyepichlorohydrin-amine polymers for improving dyeability with reactive dyes [J] Soc Dye Colour, 1993, 109: 153 – 158. https://doi. org/10. 1111/j. 1478-4408. 1993. tb01547. x.

[37] Hauser P J, Tabba A H. Improving the environmental and economic aspects of cottondyeing using a cationised cotton + [J]. Color Technol, 2001, 117: 282 – 288. https://doi. org/10. 1111/j. 1478-4408. 2001. tb00076. x.

[38] www. benningergroup. com.

[39] Khatri Z, Ahmed F, Jhatial A K, et al. Cold pad-batch dyeing of cellulose nanofibers with reactive dyes [J]. Cellulose, 2014, 21: 3089 – 3095. https://doi. org/10. 1007/s10570-014-0320-5.

[40] Cpb T, Ag B. The latest developments in the CPB dyeing process (Cold Pad Batch Process) Groz-Beckert : Five S of SEWING 5 stand: 40-41.

[41] Nitayaphat W, Morakotjinda P. Cold pad-batch dyeing method for cotton fabric dyeing with Uncariagambir bark using ultrasonic energy [J]. Chiang Mai J Sci, 2007, 44: 1562 – 1569. https://doi. org/10. 1016/j. ultsonch. 2011. 04. 001.

[42] Khatri A, Peerzada M H, Mohsin M, White M. A review on developments in dyeing cotton fabrics with reactive dyes for reducing effluent pollution [J]. Clean Prod, 2005, 87: 50-57. https://doi. org/10. 1016/j. jclepro. 2014. 09. 017.

[43] El-Shishtawy RM, Y oussef Y A, Ahmed N S E, Mousa AA. The use of sodium edate in dyeing: II. Union dyeing of cotton/wool blend with hetero bi-functional reactive dyes [J]. Dye Pigment, 2007, 72: 57-65. https://doi. org/10. 1016/j. dyepig. 2005, 07, 017.

［44］Farha S A A, Gamal A M, Sallam H B, et al. Sodium edate and sodium citrate as an exhausting and fixing agents for dyeing cotton fabric with reactive dyes and reuse of dyeing effluent［J］. Am Sci, 2002, 6: 109-127.

［45］Guan Yu, Zheng Qingkang, Mao Yahong, et al. Application of polycarboxylic acid sodium salt in the dyeing of cotton fabric with reactive dyes［J］. Appl Polym Sci, 2007, 105: 726-732.

［46］Lewis D M. New possibilities to improve cellulosic fibre dyeing processes with fibre-reactive systems［J］Soc Dye Colour, 1993, 109: 357 - 364. https://doi. org/10. 1111/j. 1478-4408. 1993. tb01514. x.

［47］Philips D. Environmentally friendly, productive and reliable: priorities for cotton dyes and dyeing processes［J］. Soc Dye Colour, 1995, 112: 183 - 186. https://doi. org/10. 1111/ j. 1478-4408. 1996. tb01814. x.

［48］Zhang J, Zhang X, Fang K, et al . Effect of the water content of padded cotton fabrics onreactive dye fixation in the pad - steam process［J］. Color Technol, 2017, 133: 57 - 64. https://doi. org/10. 1111/cote. 12253.

第3章　羊毛可持续染色技术

Gokarneshan

　　摘要：近年来，人们在开发天然染料和媒染剂用于不同天然纤维染色方面进行了大量研究，为实现湿法加工领域的可持续性发展铺平了道路。本章重点介绍了羊毛可持续染色技术中的一些重要发展趋势，研究了媒染剂种类和染料浓度对羊毛纤维染色的影响。为了定量评价媒染剂种类和染料浓度对染色后羊毛纤维颜色特性的影响，研究了染色强度、色差和色坐标等量热性能。结果表明，羊毛对松果着色剂有很强的吸附力，采用媒染法可使染色后的羊毛在米色到棕色之间呈现不同的色调，且具有较好的色牢度。利用双酚型邻苯二酚与马铃薯汁中的酶反应，对羊毛染色工艺进行了优化，在低温下不需要多余的化学物质参与染色。科研人员研究了温度、邻苯二酚和植物汁液的浓度等工艺参数对织物染色色泽的影响，发现温度对颜色强度有显著影响，染得不同颜色的羊毛具有不同的耐水洗色牢度和耐光色牢度。将发酵的板蓝叶提取物应用于羊毛染色，对比研究了传统冷热染色工艺和金属盐化学法对羊毛的色牢度、抗拉伸强度和伸长率的影响，结果表明，传统冷热染色工艺和金属盐化学法染色的色牢度、抗拉伸强度和伸长率均有不同程度的提高，各项色牢度表现出一般到极好的效果，与冷法染色工艺相比，传统的热法染色具有更好的效果。

　　为了研究从总状花序植物叶片中提取的天然染料对羊毛纤维染色的性能，将不同的媒染剂与柠檬汁以合适的比例混合使用，从而分析出不同媒染剂对羊毛纤维染色牢度的影响。随后测试染色织物的耐水洗色牢度、耐摩擦色牢度、耐光色牢度和耐汗渍色牢度，测试结果均为中等至优良的等级。本章研究了白花春黄菊粗提取物对羊毛织物动力学和热力学的影响，并与其他天然染料进行了比较，对各种染色参数进行了评价。这里讨论的所有染色方法都是实现可持续发展的良好尝试，每种染色方法在获得优良性能的同时，还具有染色工艺优化、染色性能好、亲和力强、可与羊毛以外的其他纤维混合染色、成本低、性能好、资源利用率高、不含有害化学品等优点。

关键词：羊毛染色；上染率；扩散系数；着色剂；媒染剂

3.1　引言

来自无色染料前驱体中提取的氧化染料已被用于人类头发的永久性着色。这种染料由染料前驱体和氧化剂（双组分体系）组成。氧化剂促进染料前驱体的结合，形成大分子有色化合物，这些有色化合物被固定在纤维上（Hadzhiyska et al.，2006）。人们对健康的认识不断提高，促使天然材料成为最终可以接受的合成产品，特别是印染和化工行业。由于天然染料是可生物降解的，又可提供广泛的色调，并且人们发现它可以与合成染料相容（Deo et al.，2003；Mansour et al.，2013；Mongkholrattansit et al.，2009）。来源于植物、动物或矿物的天然着色剂，通常称为颜料或染料分子。印度以手织机和手工艺品闻名。人们用香茅的成熟叶和幼枝来生产一种独特的蓝黑色和靛蓝色的染料。板蓝叶（Kum）是用于衣服染色的最重要的植物之一（Akimpou et al.，2005；Sharma et al.，2005；Lunalisa et al.，2009；Singh et al.，2009；Ningombam et al.，2012）。天然染料的一个独特之处在于能够生产出色调广泛且丰富的颜色，这些颜色往往可以相互补充（Gaur，2008）。天然染料被用于传统的羊毛和毛纺产品染色。但使用天然染料进行纺织品染色也存在诸多弊端。在医药、化妆品和食品领域，紫草在传统上被用作红色的重要来源（Dayal et al.，2001；Martinez et al.，2005）。人类皮肤的外层和许多动物一样，都是由一种被称为角蛋白的蛋白质组成，角蛋白非常坚韧，不溶于水。角蛋白属于一组结构蛋白，主要存在于羊毛、毛发、羽毛、蹄和指甲中。人们已为大量的角蛋白废物在全球市场上找到了一些出路（Onifade et al.，1999）。例如，羽毛粉被用于动物（Steiner et al.，1983）；角蛋白化妆品用于人类头发和皮肤的治疗（Weigmann et al.，1990；Kim et al.，1990）。角蛋白材料已进入各种应用领域，如混凝土、陶瓷、化肥、消防材料、伤口愈合、皮革鞣制、生物氢气生产和羊毛防缩（Remadnia et al.，2009；Timmons et al.，2000；Shikura et al.，1994；Datta，1993；Van Dyke et al.，2001；Sehgal et al.，1986；Balint et al.，2005；Cardomone et al.，2008）。

本章重点介绍羊毛染色的最新趋势，这些趋势在许多方面都集中体现了可持续发展。通过优化氧化反应的工艺条件，尝试在羊毛生产中获得所需的色泽。通过测定 CIE、K/S、耐水洗色牢度值和耐光色牢度值，研究了羊毛的染色性能。人们已经努力恢复某些天然染料的应用，证明这些染料在用棉、羊毛和丝绸染色时用途广泛。通过将天然染料与新型媒染剂相结合，克服了在纺织品染色中使用天然染料的缺点。从中草药提取物中提取的某些天然染料适用于羊毛，也适用于涤纶和锦纶染色，从而扩大了在纺织材料上的应用范围。为了提高酸性染料和活性染料的可染性，也可以将一种新的角蛋白提取方法应用于羊毛织物。

3.2　植物提取物在羊毛染色中的应用

纺织品的着色是通过使用氧化漆酶与无色芳香族化合物，如二胺、氨基酚、氨基萘酚和苯酚进行进一步的非酶反应而产生的（Li K et al.，1999；Robles A et al.，2000；Tzanov T et al.，2003；Blanco C D et al.，2009；Kim S Y et al.，2007；Kim S et al.，2008；Guimaraes C et al.，2011）。蔬菜汁中含有丰富的酶。但是，目前还没有关于富含酶植物汁液对纤维着色过程的研究报道。淀粉工业生产的大量马铃薯汁被当作废物处理（Lokra S et al.，2009）。马铃薯汁富含多酚氧化酶（PPO）（Thygesen PW et al.，1995），又称为酪氨酸酶，是一种双功能的含铜氧化酶，含有儿茶酚酶和肌酸激酶活性，会导致水果和植物的褐变反应（Malmstrom B et al.，1968）。褐变现象已被生物化学家广泛研究，其原因是 PPO 对无色多酚的氧化和脱氢作用。

在自然界中，PPO 催化的初始反应产生基于邻醌的红棕色产物（https：//bio-chemchronicles. wordpress. com，2013）。这些活性很强的活性物质还会经历一系列非酶反应，从而产生不溶性黑棕色色素（Rout Mayer et al.，1990；Lee et al.，1995；Bradford，1976）。该酶的最适 pH 为 6.6，最适温度为 40℃。由于黑色素被认为是已知生物化学中最稳定、最耐受的色素之一，因此利用这些自然反应可以对纺织品进行持久而深色的染色。基于这些知识，从马铃薯中提取新鲜汁液并与邻苯二酚结合，在对羊毛织物染色上开发出一系列棕色色调。相关人员还研究了氧化反应工艺条件的优化，使羊毛织物获得所需色泽。

3.2.1　染色实验设计

许多工艺因素，如成分浓度、处理时间和温度都会影响纺织品的颜色发展。需要不断进行优化，以找到能耗、物料消耗及工艺变量的最佳组合。采用统计试验设计，确定了影响马铃薯汁液与羊毛中儿茶酚耦联合成色泽的工艺参数。可以通过改变工艺变量来实现多种颜色（Natarajan et al.，2016）。尽管测试样品的 K/S 在 1.94~10.65 之间变化很大，但样品之间的 a^* 和 b^* 值没有太大变化，表明在颜色较深的样品中出现了色调增深，而色相没有任何变化。当马铃薯汁的浓度和处理温度达到最高水平时，样品获得最大色深（$K/S = 10.65$）。在处理温度最高、邻苯二酚浓度最高的样品中，K/S 次之，为 9.04。无论邻苯二酚和马铃薯汁液的浓度如何，在最低温度下进行处理都可以得到较低的 K/S（1.94~2.67）。研究表明，所有工艺参数或单独，或共同作用，最终决定羊毛的颜色。为了进一步研究这些工艺参数的相互关联性，本文进行了统计分析。

3.2.2　染色原理

在不同工艺条件下，用邻苯二酚和新鲜马铃薯汁的混合液处理羊毛，已经在羊毛上合成了从浅粉红棕色到深红棕色的一系列原位颜色（Natarajan et al.，2016）。这个过程仿照了自然环境中发生的褐变现象。马铃薯汁液中的化合物能够催化酚类化合物氧化生成离域自由基作为氧化中间体。它们可氧化酚类化合物，与羊毛的巯基和氨基生成有色醌（Remadnia et al.，2009）。

3.2.3　染色性能研究

3.2.3.1　光谱研究

光谱研究表明，邻苯二酚在 284.5nm 处有一个尖锐吸收峰，而马铃薯汁液在 286nm 处有一个宽峰，其最大吸收波长 λ_{max} 与邻苯二酚在 286nm 处一致。这是因为马铃薯汁液也含有类似邻苯二酚的酚类化合物，导致蔬菜褐变。有色复合物还显示 286nm 处的主峰，这有助于分析黑色素分子中的复杂共轭结构（Timmons et al.，2000）。在 280~600nm，可观察到第二个宽峰。有色织物的反射光谱也显示出一种无尖峰的漫射现象。在可见光区域没有尖锐峰是自然界中发现的几种有色化合物的特征。在这一点上，颜色源于与黑色素组相关的化合物的合成（Natarajan et al.，2016）。黑色素是由苯酚的 C—C 和 C—O 偶联产生的亚苯基和氧亚苯基组成的具有大复杂共轭芳香族结构的非均相共聚物（Shikura et al.，1994）。由于标准的分析技术，如紫外光和可见光分析没有提供任何与黑色素相关的重要数据，因此到目前为止还能不确切知道该化合物的准确结构（V an Dyke et al. ，2001）。

3.2.3.2　XRD 研究

相关人员对染色和未染色羊毛的 X 射线衍射谱进行了研究（Natarajan et al. ，2016）。在这两个样品的情况下，在 2θ 为 20.5°处存在衍射峰，这表明着色剂分子是随机分布的，并且它们的图案是不规则的。由于颜色的原位合成，羊毛纤维的结晶度并不明显。

3.2.3.3　耐光和耐水洗色牢度研究

黑色素的牢度应该很高，因为它是稳定的，不溶的。色牢度测试结果表明，这类颜色的耐水洗色牢度在 4~5 级（优良）之间，按 1~8 的等级比例计算，耐光色牢度等级为 4（Natarajan et al. ，2016）。

3.2.4　染色实验结果分析

3.2.4.1　统计分析

方差分析的结果表明，该模型对该问题的处理具有重要意义。处理温度对颜色的影响最大，随着温度的升高，颜色加深。随着温度从 30℃升高到 90℃，马铃薯汁液浓度从 15%升高至 25%，织物会增加染色色深（Natarajan et al. ，2016）。

3.2.4.2　等高线图分析

达到特定羊毛色度所需配方的预测可通过借助响应面设计软件获取的等高线图得到。随着马铃薯汁液浓度的增加，颜色强度增加，从第一种方案可以看出，其中当温度保持在最高水平（90℃）时，邻苯二酚的浓度保持在最低水平。但是，当邻苯二酚的浓度较大（3.5%）时，才能达到最高色强值 10（Natarajan et al. ，2016）。有趣的是，从第二种方案中人们注意到，无论马铃薯汁液的浓度是 25%，还是 15%，K/S 在 30℃都保持不变。第三种方案表明，马铃薯汁液的最大浓度（25%）与邻苯二酚的最低浓度（1%）相结合，可获得由浅到深（K/S 为 2~10）的完整颜色范围。随着处理温度的升高，颜色深度增加（Natarajan et al. ，2016）。即使这两种反应物的最大浓度在最低温度（30℃）下使用，也只能产生非常浅的色调。结果表明，无论反应物的浓度如何，只有在较高的温度下才能获得较深的色调。为了获得较宽泛的色调范围，邻苯二酚的温度控制在 30~90℃。着色剂的合成在 30℃的温度下不会发生，无论看到什么颜色，都是由于儿茶酚本身固有的颜色所致。因此，应避免 30℃，应使用高于 45℃ 的处理温度。可以选择最优的工艺参数来实现特定的羊毛染色深度。

3.3　天然着色剂在羊毛染色中的应用

天然着色剂正开始取代合成着色剂，这是因为包括印染和化学工业在内的许多人对最终用途相关的健康意识不断提高。由于天然染料的生物可降解性和广泛的色调范围，天然染料与其合成染料是相容的（Deo et al.，2003；Mansour et al.，2013；Mongkholrattanasit et al.，2009）。天然着色剂是从植物和动物中提取的。它们也被称为色素或染料分子。由于天然染料具有许多重要的性质，而且在各种纺织材料上的应用也十分广泛，因此在纺织工业中得到了广泛的应用。

近年来，人们对这些特殊自然资源的识别进行了大量的研究，这些自然资源对于纺织和相关行业十分有益。其中一个重要的经济自然来源是农林废物（Mongkholrattanasit et al.，2009；Ekarmi et al.，2011；Saravanan et al.，2011）。根据颜色指数，黄酮类化合物被认为是应用于纺织材料中最受欢迎的天然染料之一（Crews，1987）。松果就是这样一种资源丰富的天然资源（Kilic et al.，2009）。松果着色剂的发色团中含有酚类苯甲酸单元，并通过 π 电子部分连接在一起（Sakagami et al.，1991）。许多研究人员也研究了松果在阳离子染料和酸性染料分离中的应用。然而，松果作为天然染料用于羊毛染色的研究非常有限（Momsilovic et al.，2012；Berraksu et al.，2011；Gharachorlou et al.，2010）。

3.3.1　松果着色剂的化学结构

欧洲黑松是一种松树，分布在伊朗的大部分地区（Yaneva et al.，2012）。松果存在于森林和公园中，是从巨大的观赏绿树中获取的。它是一种天然着色剂，具有长度在 5~10cm 的圆形螺旋结构。松果中的两种细胞是由其壁细胞中具有许多极性有机官能团的化合物组成的（Torskngerpoll et al.，2005）。松果通常存在于森林中，被视为一种农业废物，人们会进行收集并处理。

科研人员采用红外光谱对松果进行了分析（图 3-1）。结果表明，未键合羟基的指示波长为 3100~3600cm^{-1}，羧基伸缩的指示波长为 2927cm^{-1}。在波长 1639cm^{-1} 处可观察到羰基的伸展，在波长 1447cm^{-1} 处可观察到羧酸阴离子（Saeed et al.，

2016）的存在。在波长 1382cm⁻¹ 处，由于亚甲基（C—H）的弯曲而出现吸收峰，在波长 1265cm⁻¹ 处，由于 C—O 基团的伸展而出现苯酚峰。在 C—O—C 酯键上观察到 1030cm⁻¹ 的吸收峰。因此，FTIR 光谱研究表明，松果着色剂提取物中含有以上化学基团（图 3-1）。

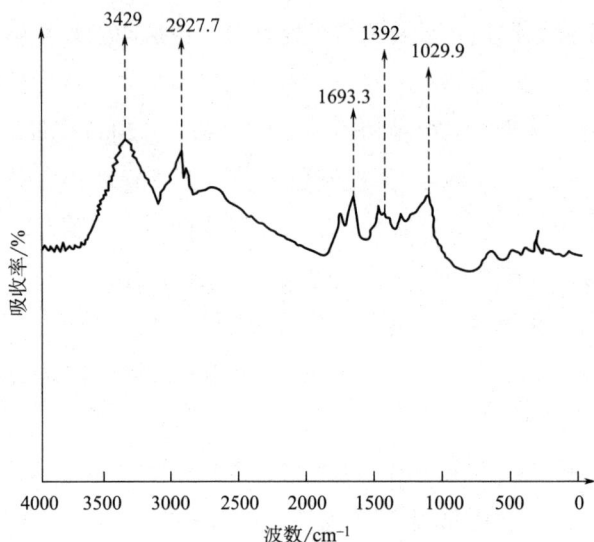

图 3-1　与松果提取物有关的 FTIR（Saeed et al.，2016）

3.3.2　染色原理

研究人员对松果着色剂染羊毛的颜色特征进行了研究。根据纤维重量不同确定了三种不同的染液浓度。为获得色牢度合格的染色样品，深色羊毛被预先赋予色牢度好、色泽、色度多样等特点。

在染色过程中，还配合金属盐协同参与反应。对松果着色剂的染色研究表明，松果可用于羊毛染色。当羊毛用松果着色剂染色时，可以获得大范围的不褪色。研究发现，当媒染剂浓度为纤维重量的 5%时，可产生较好的羊毛色泽。染料浓度越高，上染率越高。经研究发现，在经各种媒染剂预先处理的羊毛中，颜色和色牢度均得到提高。使用硫酸亚铁和硫酸铜作媒染剂，可以获得最佳的上染率和色牢度。松果着色剂具有丰富的性能，在羊毛染色开发中的应用值得探讨。

3.3.3　染色性能研究

3.3.3.1　颜色研究

媒染剂必须固定在羊毛纤维表面才能用天然染料染色。考虑的增白媒染剂是氯化亚锡、明矾和重铬酸钾，钝化媒染剂是铜和硫酸亚铁。明度、纯度和色调决定了每种颜色的明显外观（Saeed et al.，2016）。对染色样品和未染色样品的颜色结果进行了测量和评价。

粗糙的羊毛呈现出淡黄色的色调。因为这些都是用松果粉染色的，所以色调从黄色变为淡棕色。颜色的变化表明，绿色的影响较小，而红色的影响较大。研究指出，使用各种媒染剂可以使松果着色剂获得多种颜色。显然，最终的颜色、色牢度特性和亮度不仅取决于染料本身，还取决于所用媒染剂的浓度。

研究证明，当金属盐的含量占纤维重量的3%时，羊毛的吸色率并不理想。此外，不同的媒染剂表现出相似的色泽。

无媒染剂染色的羊毛表面可获得最佳的染料吸收率，可由颜色的明度清楚地表明。当染浴中纤维的质量分数为50%时，不使用无媒染剂染料时，由于对松果染料分子的吸引力是用明度值表示的，所以染料的吸光度值较高。试验结果表明，在使用不同媒染剂处理的情况下，整个试样的亮度值都有所降低。染色样品中硫酸亚铁和硫酸铜的颜色明度最小。与其他媒染剂相比，氯化亚锡能产生更大的亮度，而使用硫酸亚铁作为媒染剂可能会导致色调变暗和褐变。具有较大 L^* 值的媒染剂可获得较浅的羊毛色调，而具有较低 L^* 值的媒染剂可获得较深的色调。试验结果表明，用铁作为媒染剂可以使羊毛变成黑色。随着染料浓度的增加，预染样品的色度降低。当染料含量占纤维质量的50%和100%时，使用铜、亚铁等媒染剂可降低纤维色度。如前所述，染色样品的色调会受到所用媒染剂类型的影响。明矾和锡的颜色是米色和浅棕色；铬的颜色是深黄色至浅绿褐色；铁的颜色是红棕色至绿褐色，而铜的颜色是黄绿色至红棕色。松果在羊毛上会产生棕色和红黄色。用松果染色的整个媒染样品都在 CIE Lab 的红黄色域内。观察到不加媒染剂的染色羊毛和有锡染色的羊毛表现出更浓的红色和较小的色相角。FTIR 研究表明，松果占纤维的质量分数从25%增加到100%，清楚地表明羊毛得色从棕色向红棕色的转变。在原羊毛、未经媒染染色的羊毛和含铬染色羊毛中可以看到近乎相似的坐标。使用不同媒染剂染色羊毛时发现颜色坐标的差异是相关的。原毛和染色羊毛样品的颜色坐标有很大不同，而用媒染剂染色的样品，颜色坐标的范围几乎相同。

3.3.3.2 吸光度的研究

含铜、铁的染浴中残留染料的吸光度比其他类型的媒染剂要小得多。溶液的吸光度与染浴浓度直接相关（根据比尔定律），用铁和铜预媒处理的羊毛的上染率比其他媒剂染纤维高（Saeed et al.，2016）。另外，染浴中残留染料吸光度的降低也会导致染浴上染率的增加。因此，在使用铜和铁的预媒染羊毛的情况下，残留染料的低吸光度值表现出较高的染浴上染率。

3.3.3.3 颜色差异研究

考虑到坐标空间，两种颜色之间的差异用 ΔE 表示。评分值介于 3.5~5 之间，表示样本之间的颜色差异良好及清晰。当 ΔE 值大于 6 时，表示颜色差异非常明显（Saeed et al.，2016）。已确定未经媒染的染色羊毛的颜色差异。当 ΔE 值大于 8 时，是由于原毛和染色原毛之间的差异造成的。结果表明，染料浓度的升高与 ΔE 值有直接关系。此外，染料含量占纤维质量分数为 25%、50% 和 100% 的染色样品之间的颜色差异也变得相当大。因此，通过变化松果浓度可以有效改善颜色的深浅。

3.3.3.4 表观色深研究

不同媒染剂的颜色强度值除了在色相、颜色和 CIE Lab 值上产生差异外，还可能会发生显著变化。随着染料浓度的增加，颜色的吸收率也相应提高。由于羊毛具有最佳的吸光度和与金属形成络合物的特性，其吸色性能受所使用的媒染剂的影响严重（Saeed et al.，2016）。通过使用铜和硫酸亚铁，在媒染过程中分别获得了深色。亚锡类媒染剂的表观色深（K/S）最低。用无花果树皮染羊毛时，铁和锡作为媒染剂时的染色表观色深值分别为最大和最小。

3.3.3.5 色牢度研究

对松果粉染色的媒染羊毛和未媒染羊毛分别进行了耐水洗色牢度和耐日晒色牢度试验，并测定了它们的数值。对于未经过媒染处理的羊毛，色牢度测试结果表明，其耐水洗色牢度在 4~5 级之间（最高可达 5 级）。未处理羊毛的耐日晒色牢度应为中等（标准蓝色等级为 3~4 级，最高等级为 8 级）（Saeed et al.，2016）。用预媒染法染色的样品耐日晒色牢度较好，为 5~7 级（8 级为最高等级）。随着染料浓度的增加，耐日晒色牢度提高了 1/2~1 级。铜或硫酸亚铁具有很高的抗褪色性，但氯化亚锡或明矾则不是这样。松果中的 OH、COOH 等配体有助于提高染色牢度，并与媒染剂中的金属离子形成络合物。

3.4　天然染料萃取液在羊毛染色中的应用

天然染料有着非常悠久的历史。在工艺和学术领域，天然染料的研究和应用正在强势回归。虽然合成染料可以产生艳丽的颜色，但可能致癌并抑制底栖生物的光合作用（Adeel et al.，2009）。尽管在过去的几十年里，天然染料的使用量有所降低，但它们的使用却从未完全停止，目前在全球不同地区均有使用（Samanta et al.，2008）。印度一直在使用板蓝的成熟叶片和幼枝来生产独特的蓝黑色和靛蓝色染料。板蓝叶染料用于对 Kum phanek（Kum phanek 是当地妇女用腰织布机织成的正装）进行染色。板蓝叶染色是一种本土化的染色技术，已传承至今。有关提取和染色方法的知识可以追溯到公元 11 世纪（Mutua，1997；Mutua，2000）。

人们已努力恢复古老的自然染色方法。对板蓝的成熟叶和幼芽进行了发酵，并研究了它们对染色工艺参数的影响。在最佳条件下，用不同剂量的天然媒染剂和化学媒染剂对染色棉、丝绸和羊毛织物的色牢度（耐水洗和耐摩擦）进行了评价。测定了原纱和染色纱的拉伸强度和伸长率。

板蓝是爵床科板蓝属植物，草本，多年生一次性结实，茎直立或基部外倾。稍木质化，高约 1m，通常成对分枝，幼嫩部分和花序均被锈色、鳞片状毛，叶柔软，纸质，椭圆形或卵形。穗状花序直立，长 10~30cm。蒴果长 2~2.2cm，无毛；种子卵形，长 3.5mm。花期 11 月。经发酵板蓝叶染色的蚕丝和毛纱，在耐洗涤色牢度、耐摩擦色牢度、耐拉伸强度、伸长率等方面均有较好的效果，利于纺织工业的可持续发展。由于使用了媒染剂，所有染色纱都表现出良好的牢度性能。传统的冷染方法染色工艺烦琐，染色时间长，导致纱线的牢度性能较差。因此，可以采用传统的加热工艺来代替传统的冷染法。

一系列彼此互补的丰富色彩都来自天然染料（Gaur，2008）。从植物中提取的天然染料中含有多种化合物，它们的性质因上染织物的种类和气候条件的不同而不同。150 多年来，天然染料的使用量急剧减少，而合成染料的使用量却在增加，因为现有的天然染料已经不能满足市场的需求。用天然染料对纺织品进行染色有着古老而悠久的历史。现如今，在有些国家和地区天然染料仍应用于传统的羊毛和毛纺产品的染色。用天然染料对纺织材料进行染色在性能和工艺方面也存在很多显著的不足（Dayal et al. , 2001）。

3.4.1　金属媒染剂的作用

研究人员对硫酸铝、硫酸铜、硫酸亚铁和重铬酸钾预媒染试样的耐摩擦色牢度、耐水洗色牢度、耐拉伸强度和伸长率等进行了测定。在所有预媒染样品中，棉纱和毛纱的耐干、湿摩擦色牢度和耐洗涤牢度的结果都在中等到良好（3~4级）之间。几乎所有真丝处理样品的耐摩擦色牢度和耐水洗色牢度都表现出优到良好（4~5级）的效果，相邻的棉织物（4~5级）无色斑。

对于棉纱和毛纱，金属盐媒染法的抗张强度高于原纱。与原纱相比，经 2% $FeSO_4$ 处理后的真丝拉伸强度较低。色织毛纱的伸长率高于原纱，棉纱的伸长率低于色织毛纱。在 10% $Al_2(SO_4)_3$ 和 2% $CuSO_4$ 处理的真丝样品中，伸长率高于原纱，而在 2% $FeSO_4$ 和 2% $K_2Cr_2O_7$ 处理的真丝样品中，伸长率小于原纱。

3.4.2　天然媒染剂的作用

用传统的热染方法可获得中等到良好（3~4级）的染色效果；真丝纱线可达到良好到优异（4~5级）的效果；棉、毛纱的耐湿摩擦色牢度效果较差。然而，干品级的总体耐摩擦色牢度表现为中等到良好的效果（3~4级）。在三种不同媒染剂配比下，染色棉和毛纱的抗伸强度均优于原纱。染色织真丝以 2∶3∶3 和 3∶3∶2 比例处理时，其值均小于原纱。染色织棉纱的伸长率在 5∶2∶1 和 2∶3∶3 时高于原纱，低于原丝和毛纱。

在传统的冷法染色工艺中，棉纱的耐摩擦色牢度（干、湿）为差至中等（2~3级）效果，耐洗涤色牢度为中等至优异（3~4级）的效果。耐摩擦色牢度和耐水洗色牢度，表现出中等到优异（3~4级）的效果。结果表明，与原纱相比，所有染色纱线的抗张强度均表现出较高值。棉纱几乎具有很高的断裂伸长率，而真丝纱线的断裂伸长率比原纱要小。与原纱相比，除了以 3∶3∶2 的比例处理外，毛纱的断裂伸长率均较低。

当铁苋菜及相关的天然染料应用到真丝染色时，据研究，耐湿摩擦色牢度和耐干摩擦色牢度都很好。在袖口和斜纹部位，耐干摩擦色牢度也很好。然而，人们也关注到了平均耐湿摩擦牢度 (Khan et al., 2003; Khan et al., 2006)。由于大多数天然染料在水中溶解度高, 因此耐水洗色牢度较差。为了改善其色牢度性能, 必须使用媒染剂 (Kongkachuichay et al., 2001)。染料和织物之间的吸引力依靠媒染剂——金属盐 (Kongkachuichay et al., 2001; Samanta et al., 2009)。大多数媒染剂是矿物盐, 最常见的是铝、铁、铜、锡和铬。各种媒染剂的作用对 18 种黄色天然染料的褪色起着至关重要的作用 (Singh et al., 2012)。丝网印花技术促进了染色的发展, 并提供了连接染色基材的纽带。

在所有情况下, 中等至良好的耐摩擦色牢度性能表明, 几乎所有的天然染料与基体的结合没有被固定, 只是停留在纤维表面, 通过皂洗处理几乎都可以去除。天然染料能够进入纤维的内部, 并有可能通过与媒染剂和媒染助剂配合形成络合物而得到很好的固定。所选染料在较大的碱性 pH 条件下, 无论是否用固色剂处理, 耐水洗色牢度和耐摩擦色牢度都较好, 因为较大的碱浓度会导致较好的染料阴离子电离和阴离子形成 (防止染料分子聚集), 从而参与染料和媒染剂之间的络合物形成。染浴的碱性 pH 提高了用紫檀染色的黄麻色牢度 (Crews, 1982)。某些天然染料在加热 (相当于染浴温度或更高温度) 时, 其热转变甚至会发生变化。然而, 耐日晒色牢度和耐水洗色牢度都取决于染色前对织物进行预处理 (碱性/酸性) 的性质 (Samanta et al., 2006)。

经过处理的样品的断裂伸长率比未处理样品大, 这是由于锆盐媒染剂的影响, 利用此特点可以生产更多的弹性羊毛纤维 (Chattopadhyay, 2009)。

由于纱线的抗张强度高, 才能很好地承受缝纫时的应力。丝绸的强度和伸长率共同决定了材料的韧性, 而韧性与可织性有关 (Forouharshad et al., 2013)。真丝的高强力可以归因于其具有蛋白质的性质, 这种纤维很容易与媒染剂中的金属离子结合。机械强度的提高是由于金属离子的应用提高了纤维的耐受性。金属离子对丝绸的影响因媒染剂的类型和吸附量的不同而异 (Chowdhury, 1984)。然而, 染色后纱线的强力值有所下降。它是由于前处理和染色过程中的化学反应和热处理而造成的, 导致棉纤维聚合度降低。尽管棉纤维在潮湿状态下的强度比在干燥状态下的强度更高, 但情况确实如此 (Hojo, 2002)。由于染料分子的吸附, 肽键或盐键具有很强的聚合物间吸引力, 从而有助于合适的纤维聚合物体系的黏合。这种吸附力提高了纺织纤维的韧性、弹性和耐久性, 从而提高了纺织材料的韧性、弹性和耐久性 (Syed et al., 2011)。

与未染色的非媒染纱相比，媒染纱的单纱强力有所提高。断裂强度的增加可能是由于使用媒染剂后染料分子尺寸的增加，它渗透到纤维芯中，进而强度可能有所增加（Gogoi et al.，1999）。随着壳聚糖浓度的增加，对于棉纱，随着断裂强力的增大，纱线的断裂伸长率降低。在壳聚糖存在的情况下，通过纤维在纱线中的这种结合，提高了抗轴向载荷的能力（Gohl et al.，1993）。

3.4.3 不同媒染剂组合对染色性能的影响

染料和织物之间的吸引力是由媒染剂产生的，媒染剂大多是金属盐类（Nishida et al.，1992）。广泛使用的媒染剂有明矾、铬、氯化亚锡、硫酸铜和硫酸亚铁等。对于一种给定类型的染料，许多深浅不一的色调都是由天然染料产生的（Vinod et al.，2010）。总状花序山杨属植物（天然染料来源）的灰阶牢度性能较好。到目前为止，还没有文献报道从该物种中分离出天然染料（Kumaresan et al.，2011；Gulrajani et al.，1992）。通过研究，使用天然染料染色的古老实践得以复兴（Anderson，1971）。相关研究人员以总状花序山楂叶提取物为原料，配以媒染剂，确定了羊毛染色的最佳工艺条件，并已经评估了与色牢度相关的参数，如耐水洗色牢度、耐摩擦色牢度、耐汗渍色牢度和耐日晒色牢度（Bains et al.，2005；Anitha et al.，2007）。

通过天然媒染剂和合成媒染剂的混合，可以有效地将总状花香草叶中提取的染料用于羊毛染色，获得多种浅色柔和的颜色。试验样品具有优良的耐水洗色牢度、耐摩擦色牢度（不包括柠檬汁预媒/重铬酸钾和柠檬汁/氯化亚锡的组合），在酸性和碱性介质中的耐汗渍色牢度等级在良好到优异之间，耐日晒色牢度较好，耐水洗色牢度、耐摩擦色牢度较好（不包括柠檬汁预媒/重铬酸钾和柠檬汁/氯化亚锡的组合），纺织工业将从这种应用中获益。

3.4.3.1 柠檬汁/氯化亚锡溶液

研究人员对经柠檬汁/氯化亚锡溶液处理的染色羊毛样品的耐日晒色牢度、耐洗涤色牢度、耐汗渍色牢度和耐摩擦色牢度进行了评定。在所研究的所有媒染剂组合的比例中，经过处理后的羊毛样品在光照下均表现出良好的耐日晒色牢度。在媒染前处理的样品的耐水洗色牢度等级是平均的。然而，已经发现，在同时和后媒染的情况下，经过处理后的羊毛样品的耐水洗色牢度等级是良好到优异（Martinez et al.，2005）。

对于所有处理过的样品，干态和湿态下的颜色变化都被评为优异。在干摩擦情况下，在无染色和可忽略染色的范围内没有观察到有色染色。所有样品在酸性和碱性介质中的耐汗渍色牢度等级均为良好到优异，但预媒法的媒质比为 3∶1 的情况除外。在这种情况下，所有样品的耐汗渍色牢度都是平均的。所有样品在酸性和碱性介质中处理的情况下，没有观察到有色染色（5 级）。

3.4.3.2　柠檬汁/硫酸铜溶液

研究人员对经柠檬汁/硫酸铜溶液处理的染色羊毛样品的耐日晒色牢度、耐水洗色牢度、耐摩擦色牢度和耐汗渍色牢度进行了评定。对于所有比例的媒染剂组合，几乎所有受光处理的样品都表现出优异的耐光性。预媒化的处理样品表现出一般（4~5 级）的耐水洗色牢度等级，但是在同时和后媒化的处理样品表现出良好和优异（4~5 级）的耐水洗色牢度等级（Martinez et al.，2005）。未观察到彩色染色。所有处理过的样品都表现出由于干摩擦和湿摩擦引起的颜色变化，表现优异（5 级）。干摩擦时，没有色斑，范围在无染色和可忽略的染色之间（4~5级）。除预媒染法外，媒质比为 1∶3 外，所有样品在酸性和碱性介质中的耐汗渍色牢度等级都在 4~5 级之间。所有处理样品在酸性和碱性介质中均无显色现象（5 级）。

3.4.3.3　柠檬汁/重铬酸钾溶液

研究人员对经柠檬汁/重铬酸钾溶液处理的染色羊毛样品的耐日晒色牢度、耐水洗色牢度、耐摩擦色牢度进行了评价。对于所有比例的媒染剂组合，几乎所有暴露在日光下的处理样品都表现出优异的耐日晒色牢度。在所有处理过的样品中，耐水洗色牢度等级优异。而在预媒染法中，媒质比为 1∶3 的情况下，媒质比为平均水平，预媒法媒化效果一般。所有处理过的样品在干、湿态下的耐摩擦色牢度都十分良好。在干摩擦的情况下，没有色斑；在湿摩擦的情况下，色斑可以忽略不计。在应用预媒法的情况下，各色牢度等级分布较平均（Martinez et al.，2005）。大多数处理过的样品，耐变色牢度等级都很好。但在预媒化工艺中，媒质比为 1∶3 的情况下效果较好。在碱性和酸性介质中，处理后的样品均未观察到变色现象。在后媒染和同时媒染法的情况下，未发现在色牢度性能方面获得卓越结果。

3.4.3.4 柠檬汁/硫酸亚铁溶液

研究人员对经柠檬汁/硫酸亚铁溶液处理的染色羊毛样品进行了耐日晒色牢度、耐摩擦色牢度、耐水洗色牢度和耐汗渍色牢度的评定。对于所有比例的媒染剂组合，暴露在日光下的处理样品表现出相当好的耐日晒色牢度。在所有处理过的羊毛样品中，耐水洗色牢度等级介于良好到优异之间。处理后的羊毛样品在干态和湿态下均表现出优异的耐摩擦色牢度。几乎所有处理过的羊毛样品的变色等级都很好。然而，在碱性和酸性条件下，同时媒质比以 1:3 为宜。在酸性和碱性条件下，处理过的样品没有着色现象。从总状花序中提取的天然染料呈黄色。使用各种媒染技术染色有助于获得广泛的色调（Mahangade et al.，2009；Samanta et al.，2009；Vankar et al.，2009；Brooklynet al.，1982）。当使用 $K_2Cr_2O_7$、$CuSO_4$、$SnCl_2$ 和 $FeSO_4$ 等媒染剂时，可获得不同的色调。通常作为合成媒染剂或化学媒染剂，$K_2Cr_2O_7$ 呈淡黄色，$CuSO_4$ 呈淡绿色，$FeSO_4$ 呈棕色，$SnCl_2$ 呈淡黄色或奶油色，并在羊毛纤维上染色（Martinez et al.，2005）。以不同浓度的媒染剂对羊毛进行染色，可以实现多种色调。与所有天然染色样品相比，各种金属媒染剂产生的颜色深浅不一。

3.5 天然中草药提取物在羊毛染色中的应用

3.5.1 可用于羊毛染色的天然中草药

3.5.1.1 紫草

紫草，别名硬紫草、软紫草。它是制药、化妆品和食品领域红色的重要自然来源（Li et al.，1995；Arora et al.，2012）。目前，已经开展了分离鉴定紫草化学成分的研究。紫草素 β，β-二甲基丙烯酸酯已被鉴定为主要成分，约占粗提物的 25%（Arora et al.，2012）。

早期的研究发现，pH 和温度对天然染料染色的影响结果（Indrayan et al.，2004）。这种天然染料对 pH 有很高的敏感度。该染料还具有热敏性，会在80℃以上降解。不同类型的纺织基材，如锦纶、涤纶、丙烯酸、羊毛、丝绸和棉应在不同的 pH 下染色。在 pH 为 4.5 的条件下，所有底物对染成蓝色的锦纶、染成粉色的聚酯和其他紫色的底物都有很好的亲和力。根据 Indrayan 等的研究表明，紫草中的活性有色成分在酸性介质中以醌类的形式存在（Kyu et al.，1980；Gupta et al.，1994）。在碱性介质中，醌类形式的酚质子从萘醌原子核解离出来，转化为苯环形式，从而产生蓝色。

为了了解合成纤维的染色机理，人们对具有不同化学结构的天然染料进行了研究。在锦纶、涤纶等合成纤维的染色中，相关人员发现了两种萘醌衍生的异构体染料，即罗松酮和胡桃醌（分别为 2-羟基萘醌和 5-羟基萘醌），可产生线性等温线。这两种染料对疏水纤维都表现出很高的亲和力（Gupta et al.，1993；Gulrajani et al.，1999）。某些研究集中在紫草的萘醌类化合物上，文献中也称"Ratanjot"。已经发现该染料被锦纶和聚酯以与分散染料相似的方式吸附（Bairagi et al.，2005；Gupta et al.，2001）。

3.5.1.2　茜草

从茜草根中提取的天然蒽醌类着色剂对尼龙和聚酯表现出良好的亲和力。染色机理符合能斯特等温方程式（Gupta et al.，2001；Gulrajani et al.，1999）。但是，用长的共轭类胡萝卜素分子对锦纶和涤纶进行染色，取得了不同的效果。锦纶的染色机理符合朗格缪尔（Langmuir）等温线，聚酯的染色机理符合能斯特（Nernst）等温线（Gulrajani et al.，1999）。小檗碱（C. I. 天然黄 18）是一种天然碱性染料，被丙烯酸以 Langmuir 等温式的吸附机理吸附（Das et al.，2008）。从大黄中提取的染料已用于对羊毛和丝绸进行染色。染色符合分配机理，确认了染料中的蒽醌结构（Gulrajani et al.，2002）。从紫檀中提取的染料对锦纶和羊毛纤维有很好的亲和力，其机理与疏水性纤维上染分散染料相似（Johnson et al.，1989）。

大多数萘醌和蒽醌类天然染料对合成纤维具有很高的亲和性，它们在合成纤维上表现出分散染料的行为，并且在合成底物上显示出分配机理，关于分散染料染色天然纤维的机理阐述得较少。早期的研究显示，天然染料在羊毛染色上已取得积极的成果，这为从紫草中提取的天然染料的动力学和热力学研究打下良好的基础，以便深入了解羊毛染色的理论基础。

3.5.1.3　紫茎泽兰

从紫茎泽兰（A. nobilis Rech. f.）中提取的染料对羊毛织物表现出良好的亲和力。其染色机理与分配机理之间存在着密切的关系，证实萘醌类染料在羊毛上染色时作用与分散染料类似。染色过程是放热的，熵也是负的。

3.5.2 染色性能研究

3.5.2.1 染色动力学研究

（1）上染率。研究人员测定了 80℃ 染羊毛织物在不同时间段的上染率。经计算，半染时间为 60min。结果表明，随着染色时间从 15min 增加到 600min（10h），染料上染率从 10g 染料/100g 织物增加到 80g 染料/100g 织物。进一步将时间增加到 1500min（25h），每 100g 织物的染料上染率略有增加，约 90g 染料/100g 织物。然而，随着染色时间接近无穷大，即 2880min（48h），此后没有观察到明显的上染率增大，因此表明上染已达到平衡。

（2）扩散系数。根据希尔方程、Urbanik 近似方程、Rais 和 Militky 近似方程，得出紫草天然染料的表观扩散系数（D_{app}）分别为 $0.25\times10^{-11}cm^2/s$、$0.22\times10^{-11}cm^2/s$ 和 $0.21\times10^{-11}cm^2/s$。所有方程式都可以得到可比的值。

研究者比较了黄芪粗提物与天然萘醌、蒽醌染料的 D_{app} 值，并测定了这些染料的扩散系数。黄芪粗提物的 D_{app} 值（约 $0.20\times10^{-11}cm^2/s$）与大黄的 D_{app} 值（$0.2\times10^{-11}cm^2/s$）相当。而胡桃醌和指甲花醌的 D_{app} 值分别为 $6.08\times10^{-11}cm^2/s$ 和 $2.58\times10^{-11}cm^2/s$，胡桃醌和指甲花醌的 D_{app} 值分别为 $6.08\times10^{-11}cm^2/s$ 和 $2.58\times10^{-11}cm^2/s$。

通过比较紫草提取的粗染料在羊毛上的扩散系数，发现该染料在羊毛上的扩散系数比在锦纶和涤纶上的扩散系数小得多（分别为 $56.4\times10^{-11}cm^2/s$ 和 $1.86\times10^{-11}cm^2/s$），同一染料染色不同合成基材的扩散系数也不同。这可能是因为扩散速度随着温度的升高而增大。因此，分别在 90℃ 和 130℃ 下染色的锦纶和涤纶比在 80℃ 下染色的羊毛具有更大的扩散系数。

（3）吸附等温线。研究者对织物和染浴中的染料进行了定量分析，并绘制了吸附等温线。为了预测等温线的性质，给出了三种染料吸附模型的最佳拟合线，即 Nernst、Langmuir 和 Freundlich，并被用来定义一个特定染色系统的理论模型。因此，该模型为热力学因子的计算提供了依据。紫草提取物的染料分子体积小且结构简单，并无离子基团的存在。这些恰恰都是分散染料的性质，因此理论上等温线应符合染色的线性或分配机制。

羊毛织物的等温线如图 3-2 所示。最佳拟合等温线为线性，相关系数高（$R^2 =$ 0.967~0.973），符合染色分配机理或能斯特模型。在合成纤维上用分散染料染色时，通常会观察到这种模式。用蒽醌染料对天然蛋白质纤维染色，用胡桃酮和罗松酮染色羊毛，也得到了线性等温线。在 70~80℃，随着染色温度的升高，表征分配

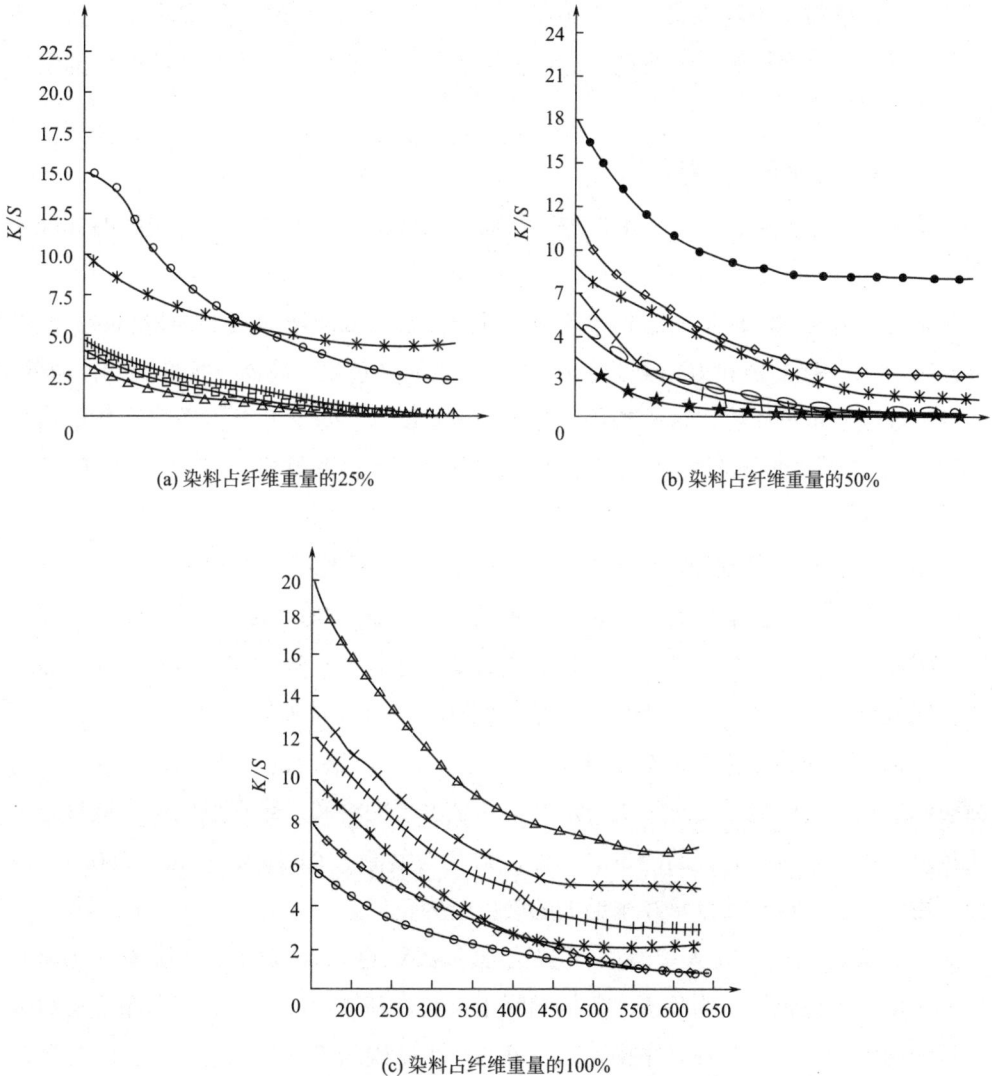

(a) 染料占纤维重量的25%

(b) 染料占纤维重量的50%

(c) 染料占纤维重量的100%

图 3-2　使用染色的羊毛的色强值（Saeed et al.，2016）

比的吸附等温线斜率从 80.72 增大到 119.6，而随着染色温度的升高，吸附等温线的斜率减小到 69.57，表明吸附等温线的斜率随染色温度的升高而减小。这可能是由于染料分子在较高温度下分解所致。研究人员最终确定了最佳拟合等温线的斜率和统计分析结果。

在染色过程中，可以观察到在较高浓度的染液和较长时间的染色过程中，织物会吸收大量染料。织物在染色的最初几个小时呈红色，当用无限溶液染色到平衡时，织物就会呈现棕黑色到黑色。这种色调的形成可能是由于染料在纤维内的聚集造成的。

3.5.2.2 染色热力学研究

紫草对羊毛的染色符合分配机理，从而可以计算出该染料对羊毛织物的标准亲和力。

染色温度在 70~80℃时，标准亲和力由 15.92kJ/mol 增加到 17.8kJ/mol，温度再升高 10℃，标准亲和力降至 15.48kJ/mol，说明染色温度越高，标准亲和力越低，从吸附等温线也可以看出这一趋势。在 80~100℃染色的羊毛上，许多天然染料的亲和力在 7~29kJ/mol 之间变化，在 80℃时，紫草染料染色羊毛的亲和力为 17.8kJ/mol。

（1）染色焓。分别测定计算 70℃ 和 90℃ 下染色的标准亲和力和染色焓。结果表明，用该染料染色羊毛时，染色热焓值为负（−23.48kJ/mol），属于放热反应过程，因此，随着温度的升高，平衡时吸收的染料量较低。通过比较紫草（Ratanjot）在合成基材（锦纶和涤纶）上的染色焓，发现染色过程是吸热的。

染色过程的热焓值是由纤维和染料之间的作用力决定的。热焓（$H°$）表示为断裂和形成的键的能量变化。更稳定的染色是由于染料和纤维形成的键的能值增加所致。当该值超过断裂键的能量时，染色焓变为负值（Triegiene et al., 2003）。因此，更多键的形成导致紫草在羊毛上的染色焓为负值。

（2）染色熵。研究人员计算了热力学参数染色熵。熵的计算值为 −22.05J/（mol·K^{-1}），染色熵也为负值。负熵归因于染料在基体中的均匀有序分布。染料分子被纤维吸收时沿纤维轴有序排列。负熵的产生是因为染料分子运动较少，导致熵降低的可能性很小。然而，用紫草染色锦纶和涤纶的反应熵为正值。

3.6　角蛋白提取物在羊毛染色中的应用

角蛋白是一种蛋白质，存在于人类和许多其他生物的外层皮肤中。它是坚韧的，本质上是不溶的，与羊毛、头发、羽毛、蹄和指甲中富含的一组结构蛋白有关。这种角质物质通常被称为"硬"角蛋白（与上皮组织中存在的软角蛋白形成对应）。

由于现存大量的角蛋白废料，角蛋白也逐渐在全球市场上找到了一些用途，例如羽毛粉就是一个例子（Onifade et al., 1999；Steiner et al., 1983）。角蛋白化妆品可用于治疗人类头发和皮肤疾病（Weigmann et al., 1990；Kim et al., 1990）。角蛋白材料现已进入许多其他领域，如混凝土、陶瓷、化肥、消防材料、伤口愈合、皮革鞣制、生物制氢和羊毛防缩（Remadnia et al., 2009；Timmons et al., 2000；Shikura et al., 1994；Datta et al., 1993；V an Dyke et al., 2001；Sehgal et al., 1986；Balint et al., 2005；Cardamone et al., 2008）。

3.6.1　角蛋白的提取技术

许多水解和非水解技术已被用于从自然资源中提取角蛋白。大多数此类技术在辅助剂，如十二烷基硫酸钠、尿素和 EDTA 存在的情况下使用氧化剂或还原剂（Katoh et al., 2004；Tanabe et al., 2004；Nakamura et al., 2002）。

有一种简单的技术已经被用于从廉价的埃及粗羊毛纤维中提取角蛋白。由于提取的角蛋白是一种天然的蛋白质生物聚合物，通过与羊毛交联，既可以进行活性染色，也可以进行酸性染色，从而提高其可染性。为了实现这一点，羊毛已经事先用角蛋白/环氧氯丙烷混合物进行了处理，从而减少了废水中的染料含量。科研人员研究了不同染色条件对处理前后毛织物染色性能的影响。

3.6.2　染色性能研究

环氧氯丙烷是一种交联剂，可用于生物聚合物角蛋白与羊毛的永久性交联。由于角蛋白是一种可生物降解的蛋白质，以化学方式与羊毛结合，对于羊毛化学加工中传统上使用的其他化学品来说，它是一个不错的选择。

相关人员研究了羊毛经角蛋白/环氧氯丙烷（ECH）处理后，在不同温度（40~85℃）下，对酸性染料 Supranol Blue BLW（C.I. 酸性蓝 203）染色性能的影响（Kantouch et al.，2012）。根据染色温度计算，酸性蓝 203 染色前处理羊毛织物所用的染浴在 5~30min 几乎完全浸染。这一时间比用同样的染料对未经处理的羊毛织物染色所需的时间要短得多。羊毛织物在室温下染色前处理半小时内，或在 60℃下染色后 5min，染浴即可完全脱色。

这些发现可以归因于角蛋白与羊毛的多肽链形成永久交联的能力。改性后的羊毛具有更多的阳离子基团，从而提高了阴离子染料的吸附能力。角蛋白中含有大量氨基和酰胺基，在酸性介质中有足够的阳离子碱性含氮基团能与酸性染料中的阴离子磺酸基团结合，如：

HOOC—W—NH₂+Cl—ECH—OH+HOOC—K—NH₂ =（羊毛）（交联剂）（角蛋白）

HOOC—W—NH—ECH—OOC—K—NH₂

现已深入开展针对将角蛋白应用于某些合成纤维的染色以获得所需染色性能的研究。

3.6.2.1　表观色深研究

用 C.I. 酸性蓝 203、C.I. 酸性红 1、C.I. 活性蓝 69 和 C.I. 活性红 180，在 4%色度、pH 5、处理时间 60min、MLR 1∶100 和不同染色温度（25~85℃）的条件下，对未处理和处理过的羊毛织物进行染色（Kantouch et al.，2012）。

从图 3-3 可以看出，对于未处理和处理的织物，染色程度（K/S）随染色温度的升高而增加，与所用染料无关（Kantouch et al.，2012）。结果表明，经处理的织物在室温（30℃）下的表观色深值略高于未处理的羊毛。但这些样品的色调仍然偏浅，K/S 在 5~10 之间。用活性染料染色经处理的和未处理的羊毛，在 85℃下染色 60min 时 K/S 才达到最高值。

3.6.2.2　染色动力学研究

研究者计算了 C.I. 酸性蓝 203 染色未处理毛织物和经角蛋白处理毛织物的半染时间、染色速率常数和表观扩散系数。结果表明，在不影响染色温度和染料得色率的情况下，经角蛋白处理后的毛织物半染时间较未处理毛织物明显缩短（Kantouch et al.，2012）。同样，上染率的提高可能归因于羊毛多肽链上产生的额外的阳离子化氨基和酰胺基团，这是羊毛与角蛋白发生化学结合的结果。经角蛋白/ECH

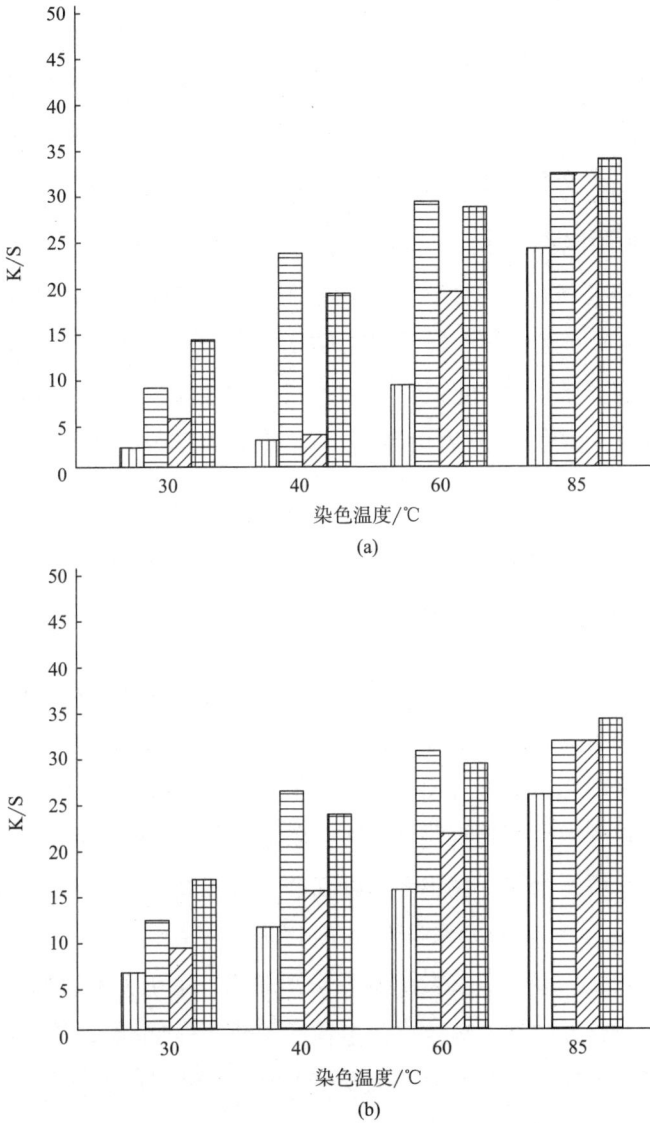

图 3-3　经角蛋白/ECH 处理的羊毛织物对酸性染料和

活性染料染色的影响（Kantouch et al.，2012）

处理后，羊毛织物的染色速率常数（K'）明显提高。经角蛋白/ECH 处理的染色毛织物的扩散系数（D）比未处理的高。

3.6.2.3 色牢度研究

研究者测定了未处理和经角蛋白/ECH 处理的羊毛织物用 C.I 酸性蓝 203 染色的耐水洗色牢度和耐摩擦色牢度（Kantouch et al.，2012）。羊毛织物经角蛋白/ECH 处理后，其耐水洗色牢度不受影响。这表明角蛋白是通过永久性的交联结合到羊毛织物上的，这种交联很牢固，耐洗涤和摩擦。

3.6.2.4 扫描电镜研究

研究者对未经处理和经角蛋白/ECH 处理的羊毛织物进行了扫描电镜观察，以观察经角蛋白/ECH 处理后羊毛纤维形态结构的变化。羊毛织物经角蛋白/ECH 处理后，其表面形态异常，在羊毛纤维表面形成一层很薄的交联角蛋白（Kantouch et al.，2012）。然而，添加的角蛋白部分，与纤维内部交联，导致羊毛染色经久耐磨。

3.7 生物炭化处理在羊毛染色中的应用

根据羊品种的不同，原毛含有不同比例的植物杂质（Mozes，1988）。粗毛纤维中的植物性污染物占 8.5%。这表明用物理方法做到有效去除杂质是较困难的，因此需要进行更严格的化学处理（Knott，1971；Zhao，1986）。

在羊毛炭化过程中，植物物质被去除，羊毛的鳞片层被破坏。为了将纤维素转化为易于去除的水解纤维素，使用了一种强酸——硫酸。为了减轻对羊毛纤维的损伤，研究者对酶化学炭化的废水产生和能耗进行了研究（Gouveia et al.，2005；Gouveia et al.，2008）。为了从植物杂质中分离羊毛，采用了生物炭化法，它涉及由特定化学物质含量较低的某些酶组成的生物活性剂（Sedelnik et al.，1998）。同样，用纤维素酶处理羊毛后，鳞片的去除也变得更容易。鳞片的去除是由于羊毛与鳞片间的内聚力减弱所致（Rong et al.，1990）。再通过物理方法去除酶处理过的鳞片后，可以观察到羊毛没有受到物理或化学损伤。

3.7.1 生物炭化处理羊毛

研究者尝试利用从市场上获得的某些酶来处理埃及羊毛原料，并研究了经生物炭化处理后的羊毛用酸性染料和金属络合染料等比例染色性能的影响。

纤维素、果胶酶和木聚糖酶的混合物被用来有效地从植物性物质中纯化埃及羊毛，同时保持了羊毛的固有特性。由于酶是非常特殊的水解剂，所以纤维的强度和重量并没有损失。这些酶可以与机械清洗技术或较温和的化学技术结合使用来纯化杂质严重的羊毛纤维。

3.7.1.1　处理方法

（1）单酶处理。通过使用选定的纤维素、果胶和木质素消化酶，可以去除原毛中的天然杂质。相关研究人员对将该技术与使用稀硫酸的传统炭化工艺进行了比较（El-Sayed et al.，2010）。当粗毛纤维用稀硫酸处理时，几乎可完全除去羊毛中的天然杂质。但是，在炭化过程中，已经炭化的羊毛纤维的抗拉伸强度约下降了25%，这可能是由于肽键的部分水解所致。经研究发现，羊毛经稀硫酸炭化后，在随后的加工工序中会导致大量的纤维断裂，且经过不适当的漂洗和中和后，会对羊毛造成进一步的损害。

当羊毛纤维用硫酸炭化时，其碱溶解度的增加是有限的。这可能是由于干燥状态的影响，使硫酸与羊毛发生部分反应所致。碱溶解度的增加是因磺酸基或硫酸基的形成而引起的。根据酶的用量和性质，用纤维素酶、酸性果胶酶或木聚糖酶对粗洗羊毛纤维进行处理，可不同程度地分离羊毛中的植物性物质或天然杂质。当使用20mL/L 生物接触液时，羊毛中残留的植物性物质约占总杂质含量的25%。这可能是因为使用了特定类型的酶。植物性物质与生物接触液发生作用，果胶被酸性果胶酶破坏，木聚糖酶被木聚糖酶分离。由于高浓度的果胶酶或纤维素酶应用于羊毛纤维处理，使羊毛的抗拉伸强度略有提高。

经酶处理的羊毛纤维的碱溶解度与未经酶处理的纤维相比变化不大，这可能是因为使用了特殊的酶使天然杂质从羊毛角蛋白中分离出来。这有力地证明了用酶处理羊毛纤维的优势。

（2）混合酶处理。研究者在规定的温度和 pH 条件下，用上述酶对水洗羊毛纤维进行处理，并测定了该混合酶对羊毛整理的影响。与单酶或双酶体系相比，三种酶在同一浴液中的联合作用更能有效地分离原毛中的天然杂质。对原毛而言，天然杂质的含量从4%（质量分数）下降到0.16%（质量分数），这可能是因为每种酶都能特定地分离一定的天然杂质，从而降低了杂质的含量。

3.7.1.2　处理时间

为了缩短处理时间，从而降低羊毛生物炭化工艺的成本，采用三种酶的组合对原毛进行不同时间的处理。当羊毛纤维用硫酸炭化后，随着处理时间的增加，其碱溶解度的增加受到限制。这可能是由于干燥状态的影响，使硫酸与羊毛发生部分反应所致。它会导致磺酸基或硫酸盐基团的形成，从而提高碱的溶解度。

为了缩短处理时间，从而降低羊毛生物炭化过程的成本，对原毛进行了三种酶的组合处理，并对其进行了不同时间的处理。对于羊毛的酶处理，随着处理时间延长至2h，处理后的纤维中杂质含量有所降低。随着处理时间的进一步延长，对羊毛天然杂质的去除程度、羊毛的抗拉伸强度和碱溶性影响不大。

3.7.2 染色性能研究

研究者选用1∶1的酸性/金属络合染料，在85～95℃的温度范围内，对未处理和三种酶预处理的羊毛纤维分别进行不同时间的染色，并对上染率进行了研究。在指定的两种温度下，羊毛水洗使金属络合染料/酸性染料的上染率有了明显的提高。这可能是因为采用碱性水洗消除了羊毛中的油脂物质。它可能提高了羊毛纤维的亲水性，从而进一步改善其染色性能。

在85℃下，用三种酶的组合对预洗羊毛进行生物炭化处理，可进一步改善其使用酸性染料/金属络合染料的可染性。这可能是由于上述酶（纤维素、果胶酶和木聚糖酶）在分离原毛中的天然杂质（植物性物质）时的联合影响。羊毛中具有非质子性质的天然杂质的存在可能会导致染色不匀。这类天然杂质无法用酸性染料和金属络合染料着色，因此被认为是阻碍染色的壁垒。当染色温度进一步提高到95℃后，水洗羊毛和生物炭化羊毛用酸性/金属络合染料（1∶1）染色性能的提高受到限制。水洗羊毛经硫酸处理后，其对所研究的阴离子染料的可染性显著降低。这可能是由于某些氨基酸，如苏氨酸、角蛋白的硫酸化所致。这些区域以前被认为是酸性染料的耐染性壁垒。

3.7.2.1 染色动力学研究

研究者测定了羊毛纤维在原料、炭化、生物炭化和水洗阶段，用酸性染料和金属络合染料染色时的染色参数。在毛织物水洗的情况下，染色时间缩短了一半，这是因为羊毛润湿性的提高以及由于水洗而产生的疏水性油性物质的消除。羊毛经硫酸炭化对半染时间几乎没有影响，在各阶段下，羊毛生物炭化均可达到最短的半染色时间。特别是在85℃染色时，由于羊毛的水洗、炭化和生物炭化，染色速率常数明显得到提高。经酶处理的染色羊毛的扩散系数比未经酶处理的羊毛增大。综上，经过三种酶组合处理的羊毛纤维的染色速率常数和扩散系数均高于硫酸处理的羊毛纤维。

3.7.2.2　色牢度研究

研究者分别测定了用酸/金属络合物染色的未处理和处理羊毛纤维的耐汗渍色牢度和耐水洗色牢度。羊毛纤维经精练、炭化或生物炭化，其耐汗渍色牢度和耐水洗色牢度没有明显变化。这一发现与酸性红 EG/Neolan Red P 在两个特定温度下染色的结果几乎相同。

3.8　结论

马铃薯汁液与多酚类化合物邻苯二酚一步法复合染色，研究者发现上染的颜色深度与处理温度关系很大。对于用于着色的各个成分的浓度对被染织物获得的颜色没有显著影响。利用双酚儿茶酚与马铃薯汁液中的酶进行原位反应，实现了羊毛染色的最优化。研究在低温下的羊毛染色，可避免使用化学助剂。松果是一种低成本适合羊毛染色的天然农副产品，对羊毛有很强的亲和力。它可以实现广泛的颜色范围，如米色、淡绿色到深绿色和棕色，且具有足够的牢度。因此，松果着色剂由于其可重复使用和许多理想的特性，具有广阔的应用前景。利用发酵板蓝叶染料对羊毛进行染色，在耐水洗、耐摩擦、抗拉伸等方面均有较好的效果，有利于纺织工业的可持续发展。建议用遵循传统热法染色工艺代替传统的冷法染色工艺。结果表明，不仅羊毛具有良好的性能，蚕丝和棉纱也具有很好的性能，这就决定了加热工艺的通用性。将天然媒染剂和合成媒染剂与总状花序植物的叶子结合使用，可以有效地对羊毛进行染色，并获得范围广泛、色泽柔和、浅色的羊毛。各种预处理剂的使用效果令人鼓舞，值得在纺织工业中采用。天然染料（A. Nobilis Rech. f.）对羊毛的吸附与分配机理有很好的关系，证实了染料以分散染料的形式被羊毛吸收。这种染料对羊毛有很好的亲和力。染色焓为负值，染色过程为放热反应，熵也为负值。用生物聚合物角蛋白交联的羊毛表现出更好的可染性。由于角蛋白是一种可生物降解的蛋白质，它有望替代传统的用于羊毛湿加工的化学品。角蛋白在某些合成纤维上的应用，证明其具有理想的染色性能，人们对此进行了大量的研究。通过使用纤维素、果胶酶和木聚糖酶的混合物从植物性杂质中提纯羊毛，羊毛得到了有效的生物炭化，既不影响其固有特性，也不会导致纤维重量和强度的损失。对于污染严重的羊毛纤维，组合酶可以与机械方法或甚至不太激烈的化学方法相结合。综上表明，使用天然染料和媒染剂既可以避免化学品的有害影响，又可以有效利用丰富的自然资源，并有望在不久的将来实现商业化。

参考文献

[1] Hadzhiyska H, Calafell M, Gilbert J, Daga JM, Tzanov TZ. Biotechnol Lett, 2006, 28:755.

[2] Deo H T, Paul R. Int Dyer, 2003, 188:49.

[3] Mansour R, Ezzili B, Farouk M. FibresPolym, 2013, 14:786.

[4] Mongkholrattansit R, Keysteufek J. Weiner. Nat Fibres[J]. 2009, 6:319.

[5] Akimpou G, Rongmei K, Yadava P S. Indian. raditKnowl[J]. 2005, 4(1):33.

[6] Sharma H M, Devi A R, Sharma B M. Indian. TraditKnowl[J]. 2005, 4(1):39.

[7] Lunalisa P, Ningombam S, LaintonjamWS. Indian. TraditKnowl[J]. 2007, 7(1):141.

[8] Singh N R, Y aiphaba N, David T, et al. Indian. TraditKnowl[J]. 2009, 8(1):84.

[9] Ningombam D S, Ningthoujam S S, Singh P K, et al. Ethnobot Res Appl[J]. 2010:561.

[10] Gaur R D. Nat Prod Rad[J]. 2012, 7(2):154.

[11] Dayal R, Dhobal P C. Colourage[J]. 2001, 48:33.

[12] Martinez M J A, Benito P B. Studies in natural product chemistry: bioactive products (Part K). In: Rehman AU(ed)[M]. New York: BV Elsevier, 2005, 303.

[13] Onifade A A, Al-Sane N A, Al-ZarbanSA. Biores Technol[J]. 1999, 66:1.

[14] Steiner R J, Kellems R O, Church D C. Anim Sci[J]. 1983, 57:495.

[15] Weigmann H D, Kamath Y K, Ruestch S B, et al. Tesmann Soc Cosmet Chem[J]. 1990, 44:387.

[16] Kim W M, Kendhal M, Sherman L. US Patent, 1990, 4, 906, 460(to Sorenco, Salt Lake City, Utah).

[17] Remadnia A, Dheilly R M, Laidoudi B, et al. Constr Build Mater[J]. 2009, 23:3118.

[18] Timmons S F, Blanchard C R, Smith R A. US Patent, 2000, 6, 159, 495.

[19] Shikura T, Izumi N, Matsumoto S. Japanese Patent, 1994, 6.

[20] Datta M S. Ind Leather Assoc, 1993, 43:297.

[21] V an Dyke M E, Blanchard C R, Timmons S F, et al. US Patent, 2001, 6, 270, 791, B1.

［22］Sehgal P K,Sastry T P,Mahendrakumar M. Leather Sci［J］. 1986,33:333.

［23］Balint B,Bagi Z,Toth A,et al. Appl Microbiol Biotechnol［J］. 2005,69:404.

［24］Cardomone J M. MartinMacromolSymp［J］. 2008,272:161.

［25］Li K,Xu F,Eriksson K. Appl Environ Biol［J］. 1999,65:2654.

［26］Robles A, Lucas R, De Cienfuegos AG, et al. Enzyme Microbiol Technol［J］. 2000,
   26:484.

［27］Tzanov T,Silva C,Zille A,et al. Appl BiochemBiotechnol［J］. 2003,111:1.

［28］Blanco C D, Gonzalaez M D, DagaMonmany J M, et al. Enzyme Microbiol Technol［J］.
   2009,44:380.

［29］Kim S Y,Zille A,Murkovic M,et al. Enzyme Microbiol Technol［J］. 2007,40:1782.

［30］Kim S,Lopez C,Guebitz G,et al. Eng Life Sci［J］. 2008,8(3):324.

［31］Guimaraes C,Kim S,Silva C,et al. Biotechnol［J］. 2011,6:1272.

［32］Lokra S,Schuller R B,Egelandsdal B,et al. LWT Food Sci Technol［J］. 2009,42:906.

［33］Thygesen P W,Dry I B,Robinson S P. PlantPhysiol［J］. 1995,109:525.

［34］Malmstrom B,RydenL. Biological oxidations［M］. New York:T-Singer Interscience Publi-
   cations,1968,419.

［35］https://biochemchronicles. wordpress. com/2013/04/14/enzymatic browning.

［36］Rout Mayer M A,Ralambosoa Phippon. Phytochemistry［J］. 1990,29:435.

［37］Lee C Y, Whitaker J R(eds). ACS sympossium series 600. American Chemistry Society
   ［J］. Washington,1995,49.

［38］Bradford M M. Anal Biochem［J］. 1976,72:248.

［39］Natarajan S K,Gupta D. Biomimetic coloration of wool using plant juice. Indian. Fibres Text
   Res［J］. 2016,41:306.

［40］Deo HT,Paul R. Int Dyer［J］. 2003,188:49.

［41］Mansour R,Ezzili B,Farouk M. Fibers Polym［J］. 2013,14:786.

［42］Mongkholrattanasit R,Krystufek J,Weiner. Nat Fibres［J］. 2009,6:319.

［43］Ekarmi E,Mafi M,SaberiMotlagh M. World Appl Sci J［J］. 2011,13:996.

［44］Saravanan P,Chandramohan G,Univ J. Environ Res Technol［J］. 2011,1:268.

［45］Crews P C. Study Conserv,32:65.

［46］Kilic A,Hafisoglu H,Tumen I,et al. Euro Wood Product.

［47］Sakagami H,Kawazoe Y,Komatsu N［J］. Anticancer Res,1991,11:881.

[48] Momsilovic M Z,Onjia A E,Purenovic M M,et al. Serb Chem Soc[J]. 2012,77:761.

[49] Berraksu N,Ayan E M,Mahmoodi N M,et al. Color Sci Technol[J]. 2011,5:243.

[50] Gharachorlou A,Kiadaliri H,Adeli E,et al. World Appl Sci J[J]. 2010,8:334.

[51] Yaneva Z L,Georgieva NV. Int Rev Chem Eng[J]. 2012,4:127.

[52] Torskngerpoll K,Anderson OM. Food Chem[J]. 2005,89:427.

[53] Saeed S,Meghdad K M,Somayeh S,et al. Properties of wool dyed with pinecone powder as a by-product colorant[J]. Fibres Text Res,2016,41:173.

[54] Adeel S,Ali S,Bhatti I A,Zhisla F. Asian Chem[J]. 2009,21(5):3493.

[55] Samanta A K,Agarwal P,Konar A,et al. Int Dyers m[J]. 2008,193(4):25.

[56] Mutua B. Traditional textiles of Manipur[J]. Mutua Museum,Keishampat,1997.

[57] Mutua B. Tribal Hand woven fabrics of Manipur[J]. Mutua Museum,Keishampat,2000.

[58] Singh N R. Traditional dyeing skills of the Meities[J]. Proceedings,National seminar on science,philosophy,and culture in Manipur language and literature. Manipur University Canchipur,Manipur,India,2003,14.

[59] Akimpou G,Rongmei K,Yadava P S. Indian. Tradit Knowl[J]. 2005,4(1):33.

[60] Sharma H M,Devi A R,Sharma B M. Indian. Tradit Knowl[J]. 2005,4(1):39.

[61] Lunalisa P,Ningombam S,Laitonjam W S. Indian. Tradit Knowl[J]. 2007,7(1):141.

[62] Singh N R,Y aiphaba N,David T H,et al. Indian. Tradit Knowl[J]. 2009,8(1):84-88.

[63] Ningombam D S,Ningthoujam S S,Singh P K. Singh OB. Ethnobot Res Appl[J]. 2012,10:561.

[64] Deb D B. Bull Bot Surv India[J]. 1961,3:253.

[65] Handbook of textile testing. 1st edn. Bureau of Indian standards,New Delhi,1982,Revised,Edition,1986.

[66] Khan M R,Omoloso A D,Kihar M. Fitoterapia[J]. 2003,74(5):501.

[67] Khan M R,Khan M,Srivatsav P K,et al. Colorage F[J]. 2006,56(1):61.

[68] Kongkachuichay P,Shitangkoon A,Chingwongomen N. Sci Asia[J]. 2001,28(2):161.

[69] Samanta A K,Agarwal P. Indian. Fibres Text Res[J]. 2009,34:384.

[70] Singh S V,Purohit MC. Univ. Environ Res Technol[J]. 2012,2(2):48.

[71] Crews P C. Am Inst Conserv[J]. 1982,21(2):43.

[72] Samanta A K,Agarwal P,Datta S. Inst Eng(India)Text Eng[J]. 2006,87:16.

[73] Chattopadhyay D P. Color Technol,2009,125(5):262.

［74］Forouharshad M, Montazer M, Y adollah R［J］. Text Inst, 2013, 40(3):6.

［75］Chowdhury S N. Mulberry silk industry［J］. Directorate of sericulture and weaving, Govt. of Assam, Assam, India, 1984:175.

［76］HojoN. Structure of silk yarn biological and physical aspects［M］. Oxford: Oxford and IBH Publishing Co. Pvt. Ltd. , 2002:96.

［77］Syed U, Ahmed R J. Mehran Univ Res. Eng Technol［J］. 2011, 32(1):133.

［78］Gogoi A. Indian Text［J］. 1999, 107(11):21.

［79］Gohl E P G, Vilensky L D. Textile for modern living, 5th edn. Longman Cheshire:120.

［80］Gaur R D. Nat Prod Rad［J］. 2008, 7(2):154.

［81］Dayal R, Dhobal P C. Colourage［J］. 2001, 48:33.

［82］Nishida K, Kabayashi K. AmDyest Rep［J］. 1992, 81(9):26.

［83］Vinod K N, Puttaswamy T, Gowda K N N, et al. Indian. Fibre Text Res［J］. 2010, 35:159.

［84］Kumaresan M, Palanisamy N, Kumar P E. Int. Chem Res［J］. 2001, 2(1):11.

［85］Gulrajani M L, Gupta D. Introduction to natural dyes［J］. Indian Institute of Technology, Delhi, 1992:81.

［86］Anderson B. Creative spinning, weaving, and plant dyeing［M］. Singapore: Angus and Robinson, 1971:24.

［87］Bains S, Kaur K, Kang S. Colourage［J］. 2005, 52(5):51.

［88］Anitha K, Prasad S N. Curr Sci［J］. 2007, 92(12):1681.

［89］Martinez M J A, Benito P B. Studies in natural product chemistry: bioactive natural products(Part K)［M］. Rehman AU(ed). New York: BV Elsevier, 2005:303.

［90］Mahangade R R, V aradarajan P V, Verma J K, et al. Indian J Fibres Text Res［J］. 2009, 34:279.

［91］Samanta A K, Aggarwal P. Indian J Fibres Text Res［J］. 2009, 34:384.

［92］V ankar P S, Shankar R, Wijayapala S. Text Appar Technol Manag［J］. 2009, 6(1):30.

［93］Dye plants and dyeing. A handbook. Brooklyn Botanical Garden, Brooklyn, 1982, P112255.

［94］Li K, Wang Z. China Patent CN 1116923(to Faming ZhuanliShenquingGongkai Shoumingshu), 1995−03−18.

［95］Arora A, Rastogi D, Gulrajani M L. Gupta D Color Technol.

［96］Arora A, Rastogi D, Gulrajani M L, et al. Indian. Fibres Text Res［J］. 2012, 37:91.

［97］Indrayan A K, Y adav V, Kumar R, et al. Indian Chem Soc［J］. 2004, 81:717.

[98] Kyu L W, Soo Y G. Yakhak Hoechi. 1980, 24(3-4):151.

[99] Gupta D B, Gulrajani M L. Dyers Color[J]. 1994, 110:112.

[100] Gupta D B, Gulrajani M L. Indian. Fibres Text Res[J]. 1993, 18:202.

[101] Gulrajani M L, Gupta D, Maulik S R. Indian. Fibres Text Res[J]. 1999, 24:294.

[102] Bairagi N, Gulrajani M L. Indian. Fibres Text Res[J]. 2005, 30:196.

[103] Gupta D, Kumari S, Gulrajani M L. Color Technol[J]. 2001, 117:328.

[104] Gupta D, Kumari S, Gulrajani M L. Color Technol[J]. 2001, 117:328.

[105] Gulrajani M L, Gupta D, Maulik S R. Indian. Fibres Text Res[J]. 1999, 24:131.

[106] Gulrajani M L, Gupta D, Maulik S R. Indian. Fibres Text Res[J]. 1999, 24:223.

[107] Das D, Maulik S R, Bhattacharya S C. Indian. Fibres Text Res[J]. 2008, 33:163.

[108] Gulrajani M L, Bhaumik S, Oppermann, et al. Indian. Fibres Text Res[J]. 2002, 27:91.

[109] Johnson A. The theory of coloration of textiles. In: Sumner HH(ed). Society of Dyers and Colorists[J]. England, 1989:255.

[110] Triegiene R, Musnickas, Chemija, 2003, 14(3):145.

[111] Onifade A A, Al-Sane N A, Al-Musallam A A, et al. Biores Technol[J]. 1999, 66:1.

[112] Steiner R J, Kellems R O, Church D C. J Anim Sci[J]. 1983, 57:495.

[113] Weigmann H D, Kamath Y K, Ruestesh S B, et al. Soc Cosmet Chem[J]. 1990, 44:387.

[114] Kim W M, Kendhal W, Sherman L. US Patent, 1990, 4,906,460(to Sorenco, Salt lake city, Utah).

[115] Remadnia A, Dheilley R M, Laidoudi B, et al. Constr Build Mater, 2009, 23:3118.

[116] Timmons S F, Blanchard C R, Smith R A. US Patent, 2000, 6, 159, 495 (to Keraplast Technologies Ltd. , San Antonio, TX, USA).

[117] Shikura T, Izumi N. Matsumoto SJapenese Patent, 1994, 06, 40, 786(to Japan kokai Tokyo Koho).

[118] Datta M S. J Ind Leather Technol Assoc, 1993, 43:297.

[119] V an Dyke M E, Blanchard C R, Timmons S F, et al. US Patent, 2001, 6, 270, 791, B1(to Keraplast Technologies Ltd. , San Antonio, TX, USA).

[120] Sehgal P K, Sastry T P, Mahendrakumar M. Leather Sci[J]. 1986, 33:333.

[121] Balint B, Bagi Z, Toth A, et al. Appl Microbiol Biotechnol[J]. 2005, 69:404.

[122] Cardamone J M, Martin. Macromol Symp[J]. 2008, 272:161.

[123] Katoh K, Shibayama M, Tabane T, et al. Biomaterials[J]. 2004, 25:2265.

[124] Tanabe T, Okitsu N, Y amauchiK. Mater Sci Eng[J]. 2004, C24:441.

[125] Nakamura A N, Arimoto M, Takeuchi T, et al. Biol Pharmocol Bull [J]. 2002, 25 (5):569.

[126] Kantouch A, Allam O, El-Gabry L, et al. Effect of pretreatment of wool fabric withkeratin on its dyeability with acid and reactive dyes[J]. Indian. Fibres Text Res, 2012, 37:157.

[127] Mozes T E. Text Prog[J]. 1998, 17(3):1.

[128] Knott J. Wool Sci Rev[J]. 1971, 41:2.

[129] Zhao W. Text Res[J]. 1986, 56(12):741.

[130] Gouveia I C, Queiroz J A, Fiadeiro M. Proceedings, 11th international wool research conference. The department of color and polymer chemistry, university of leeds, UK, 2005.

[131] Gouveia IC, Queiroz JA, Fiadeiro M. AA TCC Rev[J]. 2008, 8(10):38.

[132] Sedelnik N. Fibres Text East[J]. 1998, Eur:39.

[133] Rong Z P, Hua Z J. Proceedings 8th international wool conference, vol 3. Wool Research Organization of New Zealand, Christchurch, New Zealand, 1990:195.

[134] El-Sayed H, El-Gabry L, Kantouch F. Effect of biocarbonization of coarse wool on its dyeability[J]. Indian J Fibres Text Res, 2010, 35:330.

第4章 纺织工业废水可持续处理技术

Luqman Jameel Rather，Sabiyah Akhter 和 Qazi Parvaiz Hassan

摘要：近几十年来，在全球竞争中，由于纺织品市场在价格、设计、易用性、耐用性和产品安全性等方面的多样化和多变性，纺织工业越来越受到全世界的关注。在纺织工业中大量使用染料（合成染料和天然染料）所引起的生态和健康问题日益严重，促使人们设计、开发和建立新的染色策略以及减轻废水负荷的新技术。纺织工业及其制造业产生的废水已成为世界范围内的主要污染源。纺织湿法加工工业产生的废水化学成分品种多、范围广，包括无机整理剂、表面活性剂、氯化物、盐、磷酸盐和有机产品。从废水中移除染料的方法大多是物理化学法。这些方法成本高昂，而且会造成浓缩污泥的积累。因此，需要制订成本效益高、环境友好的替代治理计划。本章综述了利用生物系统和组合系统将纺织工业废水对环境的负面影响降至最低的生态友好可持续技术的研究进展。

关键词：废水；染色；纺织染料；可持续性；生态

4.1 引言

现代工业的快速工业化和城市化导致了大量的废物、废水源源不断地排放到环境中。然而，纺织工业部门的有色废水及其相关废水一直在高速增长，对世界范围内的污染造成了巨大的影响。一般来说，有色物质/废水，特别是合成偶氮染料是不受欢迎的，不仅因为它们的颜色，而且偶氮染料的二次副产物在性质上是有毒的或致突变的（Rather et al.，2017；Rather et al.，2016；Ahlstrom et al.，2005）。在纺织品染色过程中，相当数量的染料（天然的和合成的）随废水排放，目前是一个主要的生态问题。根据水体中染料浓度的限制（英国为1mg/kg），使用的大多数物理化学技术需要将染料浓度降低高达98%（Pierce et al.，1994）。染料分子的化学结构被设计成能抵抗紫外线辐射褪色，耐化学侵蚀，并能很好地抵抗微生物的侵蚀。

19 世纪下半叶以后，合成染料的使用量持续增加，因为它们的成本效益高，可用色调广泛，且具有更好的耐水洗和耐摩擦色牢度（Shahid et al.，2013；Ibrahim et al.，2008）。然而，已有报道偶氮染料对产甲烷细菌培养物产生不利生长的影响，这种毒性主要与偶氮官能团有关，而不是它们的次要副产物——初级芳香胺（Hu et al.，2001；Razo-Flores et al.，1997；Benigni et al.，2000）。据报道，各种各样的细菌分离物和蠕虫能在人体肠道菌群中需氧和厌氧地裂解偶氮染料的发色基团（Rafii et al.，1990；Chung et al.，1993）。目前，在 1kg 纺织材料的加工和整理过程中，消耗的水超过 100L（Hillenbrand et al.，1999）。因此，对新的环境友好型污水回收技术或策略的需求迫切，以减轻废水问题。然而，生物处理技术更价廉、更易操作，在最近的研究中已成为染料降解和脱色的主要焦点。纺织工业部门的废水可以通过微生物或酶降解染料工艺再用于制备染浴（Abadulla et al.，2000）。由于酶脱色过程的高度特异性，有价值的添加剂和纤维保持完好，主要目标是染料分子的发色基团。细菌、真菌培养和特定的酶在纺织工业有色废水的处理过程中都具有很高的潜力和光明的前景（Zhang et al.，2000）。

4.2　生物修复模式

"生物修复"一词涵盖了广泛的利用自然资源控制废水污染问题的生物和组合过程。外源化合物主要由被吸电子基团取代的芳香环组成，是一种人为产生的，在生态系统中表现出高度的持久性（Knackmus et al.，1996）。为了降低毒性水平，近年来已经采用了几种修复技术，这些修复技术包括：微生物降解技术（细菌和真菌）、植物修复技术（涉及多种生物机制的植物）和酶修复技术（特定的酶）来降解污染物/有色物质。生物系统必须设计成这样一种方式，即这种系统下的染料最好在脱色的同时可进行复杂的降解。目前尚无简单的解决方案，但细菌和酶培养的组合（混合培养）是一个有效途径。实际上，染料分子发色基团的修饰可能是利用单一微生物进行生物修复的另一种方式。然而，这种脱色过程会产生具有毒性后果的新陈代谢最终产物，例如偶氮染料的厌氧还原反应（Keck et al.，1997）。因此，外源物质的完全降解导致二氧化碳、氨和水的释放，可能成为在混合培养中实现可持续生物修复过程的唯一途径。一般来说，混合培养物通常对温度、pH 或成分变化引起的环境胁迫表现出较高的稳定性。不同的生物修复模式如图 4-1 所示。

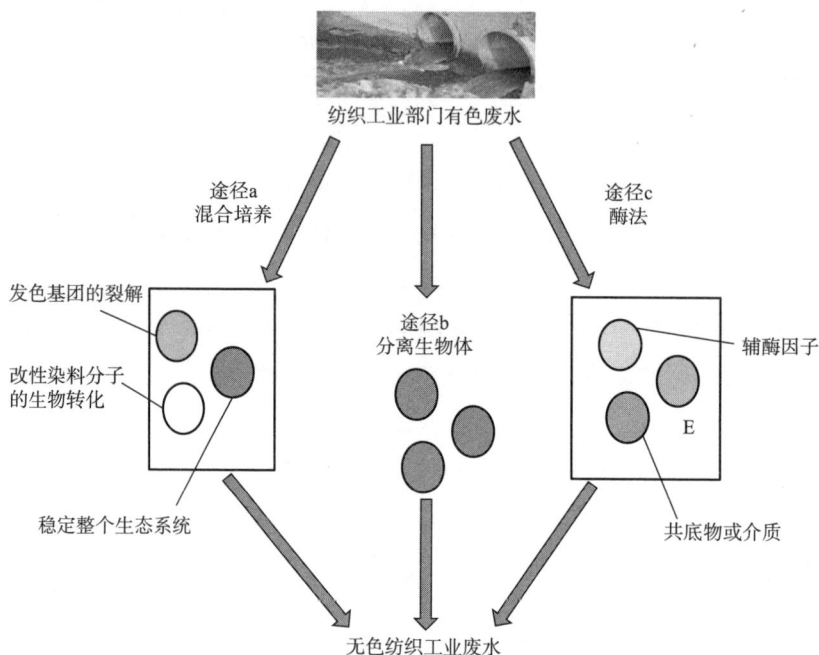

图 4-1　不同的生物修复模式

通过混合培养（途径 a）可以完成生物修复，包括发色基团的裂解，改性染料分子的生物转化以及稳定整个生态系统。生物转化的染料分子将更容易被其他无法攻击这种染料的生物所利用（Nigam et al.，1996；Nigam et al.，1996）。通过这种方式，脱色可以相互依赖于几个物种的存在和它们的协同作用。然而，分离的生物体直接参与染料的生物转化为途径 b。涉及酶的修复过程为途径 c。它们的作用可能会增强，这取决于辅因子、共底物或介质的存在。

根据反应器的类型，微生物细胞培养物可以通过固定化的方式固定在不同的反应器中（Zheng et al.，1999）。目前已有使用不同的细菌细胞固定化技术降解染料的应用，如通过使用矿物材料、贝壳或锦纶进行固定化（Nigam et al.，1995）。海藻酸钙和颗粒污泥为混合培养提供了支持（Kudlich et al.，1996；Shen et al.，1996；Tan et al.，1999）。然而，细菌细胞—活性炭固定化技术允许同时氧化可生物降解的污染物和吸附不可生物降解的物质，从而在一个步骤中再生活性炭（Walker et al.，1999）。合成染料生物降解的另一个过程是通过使用硫酸铝进行假单胞菌的絮凝（Tse et al.，1997）。

后序污染的生物体必须单独处理，利用单细胞培养或酶对目标染料分子进行生物化学转化，可能比通过在细菌细胞外表面吸附/离子交换的方法将染料物理保留在生物体上能够提供更好的生物修复途径。已经发现许多单一的细菌培养物或微生物可以使纺织品染料脱色，包括细菌、真菌和酵母菌（Banat et al.，1996；Martins et al.，1999）。抵抗染料的毒性效应是有机体成为有效生物修复剂的另一个重要要求。在目标染料分子抑制生长酶的情况下，尤其是在高浓度染料的情况下，分离的酶系统可能是首选的。因为染料厂排放的废水是含有盐、洗涤剂、分散剂、金属和弱吸附染料的复杂混合物，且化学成分可能会根据生产费用的不同而发生很大的变化，因此尤其需要谨慎处理。表 4-1 介绍了各种生物修复技术，这些技术有助于染料分子的降解和化学转化。

表 4-1 环境友好和可持续的生物修复技术清单

序号	生物修复技术	参与生物修复的物种	涉及的底物	参考文献
1	细菌修复	各种细菌种类	芳香族化合物、偶氮化合物和羧化偶氮化合物	Zheng et al.，1999；Nigam et al.，1995；Kudlich et al.，1996；Shen et al.，1996；Tan et al.，1999；Walker et al.，1999；Tse et al.，1997
2	真菌/藻类修复	微藻，白腐真菌分泌的酶，海藻酸盐固定的藻类	活性橙色 96、活性紫 5、活性黑 5	Zheng et al.，1999
3	酶修复	胞外酶和胞内酶	蒽醌、靛蓝类染料、酚类偶氮染料、酚类和非酚类芳香族化合物、H_2O_2、活性偶氮染料	Abadulla et al.，2000；Zhang et al.，2000；Zheng et al.，1999
4	生物修复	真菌菌丝体	纺织工业废水	（Razo-Flores et al.，1997）
5	植物修复	活的绿色植物，内生菌辅助的杨树	重金属、三氯乙烯	Tan et al.，1999
6	地衣修复	地衣果皮	海军蓝 HE22（NBHE22）、染料混合物和真正的纺织工业废水	Chung et al.，1993；Olguín et al.，2003；Ruiz et al.，2011

染料表现出广泛的结构变化,因此具有不同的化学和物理特性。它们普遍被设计成具有优异抗紫外线辐射的性能,与其降解相关的研究已被广泛报道(Hao et al.,2000;Slokar et al.,1998;Robinson et al.,2001)。最近,相关人员还报道了有关化学和微生物/酶组合处理染料分子的研究(Hao et al.,2000;Slokar et al.,1998;Robinson et al.,2001)。通过微生物和酶组合系统这种生态友好和可持续的生物修复技术可最大限度地减轻纺织工业废水对环境的负面影响。

4.3 生物修复过程

4.3.1 单一生物修复

生物修复(Bioremediation)是一项新型的、生态友好且可持续的技术,可用于处理染整过程中各个阶段产生的纺织工业废水。微生物和酶促脱色/降解偶氮染料的单细胞和混合培养物对解决这个特定问题非常有效,因为它们具有环保、廉价的特性,并且不会产生污泥。多种细菌培养物包括变形杆菌属、肠球菌属、粪链球菌、枯草芽孢杆菌、蜡状芽孢杆菌、假单胞菌属。甚至蠕虫也已用于偶氮染料的还原(Bumpus et al.,1995;Chung et al.,1993)。可通过添加某些共底物来增强偶氮还原效果,共底物在反应中既充当催化剂又充当还原等效物。根据用于特定生物修复过程的生物/微生物培养物的类型不同,应选择不同的营养物作为共底物。近年来,研究人员已经开发出多种经济效益良好的可应用于生物修复的新型或改良催化剂。

4.3.1.1 细菌生物修复

自近代以来,使用微生物/细菌培养物对环境污染物/废液进行去毒和降解已受到越来越多的关注,以清洁污染的环境/生态系统(Farhadian et al.,2008;Radhi-ka et al.,2006)。芳香族化合物及其次级代谢产物在有氧和无氧条件下都极易发生生物降解(Field et al.,1995)。大气中分子氧对芳香环系统的氧化作用很容易通过单加氧酶和双加氧酶进行(Madigan et al.,2003)。被硝基和磺酸基团取代的偶氮染料不易有氧降解,并且可能由于偶氮双键具有吸电子特性而对加氧酶具有一定程度的抵抗力(Chung et al.,1993;Claus et al.,2002;Knackmuss et al.,1996)。但是,在存在偶氮还原酶(氧气催化的酶)的情况下,一些好氧细菌能够还原/降

解偶氮化合物并产生芳香胺。好氧连续反应器在染料降解过程中得到广泛的应用
（Lourenco et al.，2001；Panswad et al.，2001）。有乙醇存在下的降解会在产甲烷颗
粒污泥暴露过程中刺激兼性好氧微生物的呼吸。因此，偶氮染料在厌氧条件下被产
甲烷菌落还原，有助于偶氮染料在曝气厌氧/好氧反应器中完全矿化（Field et al.，
1995；Tan et al.，1999）。

假单胞菌 K22 和 KF46 菌株的无黄素好氧偶氮染料还原酶以 NADP（H）和
NAD（H）为辅因子，对细菌的羧化底物及其磺化结构类似物进行氧化裂解（Zim-
mermann et al.，1984）。从 P Kullae K24 克隆的另一种好氧偶氮还原酶用于羧化偶
氮化合物 1-（40-羧基苯偶氮）-4-萘酚的生长，并保留了一个假定的 NADPH 结
合位点（Blumel et al.，2003）。在文献中也报道了有关过氧化物酶介导的土壤细菌
的氧化攻击（Pasti-Grigsby et al.，1992）。通过枯草芽孢杆菌、假鼻疽杆菌、棒状
杆菌、分枝杆菌和红球菌对三芳甲烷染料的降解表明，染料的降解完全可以通过好
氧酶的培养来实现。此外，有报道称，黄杆菌还可释放一种胞外降解偶氮染料的过
氧化物酶（Cao et al.，1993）。

4.3.1.2　真菌和藻类生物修复

过氧化氢和真菌中酚氧化酶等外源酶的形成是偶氮染料降解的主要原因（Du-
ran et al.，2002）。木质素和锰过氧化物酶在其催化循环中表现出相似的反应机理，
即从 H_2O_2 引发的酶氧化开始。木质素过氧化物酶同时可氧化酚类和非酚类芳烃，
而锰过氧化物酶通过将 Mn^{2+} 氧化成 Mn^{3+} 来氧化酚类化合物（Glenn et al.，1986）。
Heinfling 等（1997 年）测试了 18 种能够降解木质纤维素材料或木质素衍生物的真
菌菌株，对活性橙 96、活性紫 5 和活性黑 5 的抗性，其中阿德斯塔芽孢杆菌、云芝
芽孢杆菌和假单胞菌菌株金孢子菌能够使所有偶氮染料脱色（Heinfling et al.，
1997）。

据报道，金孢菌（*P. chrysosporium*）和非木质素分解菌（担子菌）对各种染料
都有脱色作用，在很大程度上可以有效地解决废水问题。然而，研究发现，木腐
菌，如烟曲霉 G-26 和米曲霉对不同类型染料的脱色效果比金孢菌更有效（Parshet-
ti et al.，2007）。曲霉菌株用于生产铬酸、五倍子酸、柠檬酸、酶、异构酶、果胶、
脂肪酶和葡聚糖酶。因此，在生物吸附过程中添加生物质更有利于从纺织工业废水
中去除染料（Kapoor et al.，1995）。利用真菌生物质作为生物吸附剂，降低生物质
的成本和处置问题，能有效提高经济效益。从这个角度分析，曲霉属作为有效替代

选择。此外，米曲霉的正常菌丝和高压灭菌菌丝可用于去除水溶液中的普氏紫 H3R 和普罗西翁红 HE7B。不同结构类型的染料吸附机理不同，主要取决于它们的结构和取代度。功能化的微生物表面具有更强的相互作用，可更有效地去除工业废水中的有害物质（Marcanti-Contato et al.，1997）。

微藻用于通过生物吸附、生物降解和生物转化去除纺织工业废水中的染料。微藻通过从水中去除氮、磷和碳含量来帮助减轻水生生态系统的富营养化（Olguín et al.，2003；Ruiz et al.，2011）。或者，活的和失活的微藻生长速度很快，并已被用于去除废水中的颜色。Khalaf 等（2008）报道了用失活的水绵生物和活的生物去除纺织工业废水中的活性染料（Synazol）（Khalaf，2008）。大型藻类如扁豆藻和头状藻的活生物被发现有助于通过生物吸附机制去除废水中的碱性染料（Aravindhan et al.，2007；Marungrueng et al.，2006）。普通梭菌通过将偶氮染料 Tectilon 黄 2G 转化为苯胺来去除 63%~69% 的偶氮染料（Acuner et al.，2004）。最近已经证实，添加生长调节激素（三十烷醇）可以增强藻类（蓝藻、聚球藻和磷藻）的脱色作用（Karacakaya et al.，2009）。

4.3.1.3 酶生物修复

纺织染料（合成的和天然的）代表了大量多样的化合物。由于结构和功能的多样性，纺织染料的染色性能有很大不同，这反过来又影响织物的溶解性和反应性，它们通常只需通过简单的酶过程就能降解/脱色。广泛的底物特性和氧化还原活性使酶在染料脱色过程中具有更高的价值和更环保的替代品。Chivukula 和 Renganathan（1995）报道了米曲霉漆酶可以氧化富含电子的偶氮染料。在此酶的氧化过程中，分子氮通过偶氮键的断裂释放出来（图 4-2）（Chivukula et al.，1995）。

尽管如此，关于氧化酶在外源生物降解中的机理和应用方面已有大量研究和报道（Duran et al.，2000；Mester et al.，2000）。表 4-2 总结了应用于染料降解的不同类型酶的用途。酚氧化酶是催化酚类和其他芳香族化合物氧化的氧化还原酶，无须辅助因子（Duran et al.，2002）。漆酶（含铜酶）对染料有非常广泛的底物专一性（Abadulla et al.，2000）。然而，已发现与直接红 29（刚果红）相比，云芝、松材线虫和嗜热链球菌的漆酶对蒽醌和靛蓝类染料的脱色速率更高（Claus et al.，2002）。研究人员发现，所使用的氧化还原介质可以针对不同类别的染料扩展其底物专一性（Claus et al.，2002；Li et al.，1999；Soares et al.，2001）。

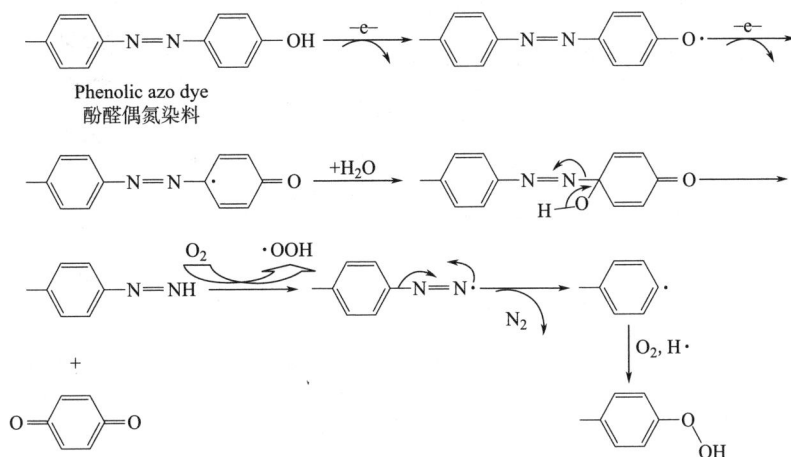

图 4-2 米曲霉漆酶引发苯酚偶氮染料释放分子氮的机理

表 4-2 主要用于染料降解和生物转化的酶

序号	参与生物修复的各种酶	使用的基材	参考文献
1	漆酶，固定化漆酶	蒽醌和靛蓝基染料，酚类偶氮染料	Abadulla et al.，2000；Claus et al.，2002；Chivukula et al.，1995；Li et al.，1999
2	酪氨酸酶	不使用辅助因子的酚类和其他芳香族化合物	Berry et al.，1987；Kudlich et al.，1997
3	过氧化物酶、木质素过氧化物酶	偶氮和蒽醌染料，酚类和非酚类芳香族化合物	Duran et al.，2002；Chivukula et al.，1995；Li et al.，1999
4	固定化过氧化氢酶	H_2O_2 去除	Duran et al.，2002；Smith et al.，1990
5	葡萄糖氧化酶	活性偶氮染料	Kudlich et al.，1997

　　细胞内的单加氧酶和双加氧酶主要存在于生命系统中。它们通过结合氧原子（生物羟基化）引发降解反应，通过环断裂机制释放羧酸（Berry et al.，1987；Commandeur et al.，1990；Smith et al.，1990）。与氧化还原酶或细胞色素 P450 还原酶相比，漆酶具有使用分子氧作为共底物的优势（Kudlich et al.，1997）。同样，过氧化物酶只依赖于过氧化氢作为共底物。因此，它们是很有希望用于生物修复的候选材料。与漆酶和过氧化物酶相比，氧化还原酶的应用需要辅助因子，如 NADH、NADPH 或 FADH，这些都是昂贵的化合物，在经济上是不可行的。然而，

这种酶的脱色过程通常发生在全细胞培养中。

4.3.1.4 厌氧/兼性微生物生物修复

厌氧/兼性微生物的生物修复需要较低的还原电位（≤50mV）才能有效地对染料进行脱色（Beydilli et al.，1998；Bromley-Challenor et al.，2000）。在厌氧条件下，染料脱色和还原的生物化学反应大多属于还原反应。偶氮双键（—N＝N—）的断裂需要四个电子的转移，这在偶氮双键上分两个阶段进行，如图4-3所示。

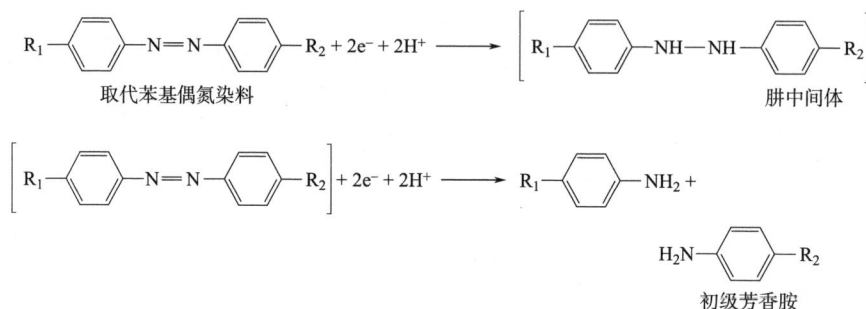

图 4-3　厌氧偶氮染料的还原机理示意图

然而，偶氮染料还原的确切机制是发生在细胞内还是细胞外尚不清楚。基于黄素的还原剂可以作为电子穿梭从 NADP（H）依赖的黄素蛋白到偶氮染料（Gingell et al.，1971）。磺化偶氮染料由于膜渗透性有限而不会在细胞内还原（Stolz et al.，2001）。然而，人们发现甲苯的加入增强了磺化偶氮染料在细胞萃取液中的脱色能力，因为它是一种膜活性化合物，可以促进细胞裂解（Kudlich et al.，1997）。在胞外染料还原机制中，胞质辅助因子的降低对化学染料的还原并无帮助（Russ et al.，2000）。然而，Kudlich 等进行的细胞分级实验的结果（1997）证实，位于细胞膜中的醌还原酶增强了磺化偶氮化合物的还原脱色能力（Kudlich et al.，1997）。由于 NADH 依赖的指甲花醌还原酶（Rau et al.，2003）的存在，大肠杆菌胞浆部分显示出还原偶氮染料的能力。

4.3.2　组合生物修复

4.3.2.1　生物和化学还原脱色

偶氮染料的厌氧还原脱色涉及生化反应机理（Dos Santos et al.，2003）。偶氮还原酶的还原是一种生物还原，它利用偶氮染料作为碳和能量的来源生长。然而，没有证据表明厌氧偶氮还原酶可以催化包括偶氮染料在内的各种底物的还原（Stolz et al.，2001）。底物的还原通过共代谢反应进行（图 4-4），该反应涉及 NAD（H）、NADP（H）、FMH_2 和 $FADH_2$ 作为偶氮键断裂的第二电子供体（Gingell et al.，1971）。

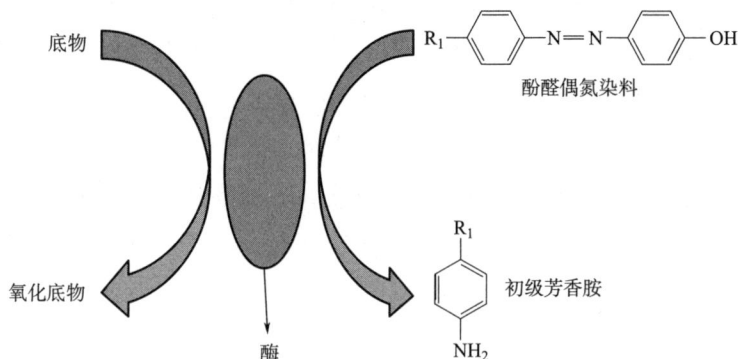

图 4-4　偶氮染料直接酶还原示意图

厌氧化学还原涉及生物还原剂，如硫化物、半胱氨酸、抗坏血酸或 Fe^{2+}（Yoo et al.，2002）。然而，已经观察到硫酸盐浓度的改变对还原无不良影响，即使在 60mmol/L 的浓度下也不会阻碍偶氮染料的电子转移（V an der Zee et al.，2003）。在另一项研究中，通过硫酸盐还原（0.35mmol/L）进行好氧—厌氧排序，表明其对脱色效果没有显著改善。同时，测试了酸性橙 7 的脱色，尽管建立了硫酸盐还原微生物种群，但脱色主要是通过生物过程（Albuquerque et al.，2005），而非化学过程。在好氧条件下脱色率低（10%~30%）是完全合理的，因为与偶氮官能团相比，氧是更有效的电子受体，但实际脱色率在很大程度上取决于染料的类型和取代的类型。通过实验结果得出结论，蒽醌和酞菁染料是相当顽固的（Dos Santos et al.，2005；Lee et al.，2005；Lee et al.，2006）。厌氧微生物更容易受到某些染料的影响，这些染料即使在低染料浓度下也可能导致产甲烷活性的永久性丧失（Lee et al.，2006）。Dos Santos Santos 等的研究证实了这一点（2005），活性黑 19 偶氮染料的产甲烷活性降低了 50%（30℃时 IC 为 55mg/L）（Dos Santos et al.，2005）。

4.3.2.2 氧化还原介质存在下的还原脱色

氧化还原介质/辅助因子是将电子转移反应速度加速到几个数量级的化学实体（Dos Santos et al.，2005）。除了通常的还原脱色外，氧化还原介质对于铁、硝基芳烃、多卤化合物和放射性核素的还原转化非常有效（Fredrickson et al.，2000；Lovley et al.，1998）。Keck 等（2002）发现异源链球菌 BN6 在好氧降解萘-2-磺酸盐（2-NS）过程中产生了醌类氧化还原介质，这有助于偶氮染料的厌氧还原（Keck et al.，2002）。同样，FAD、FMN、核黄素、AQS、AQDS 和 Lawsone 在偶氮染料还原过程中被广泛用作氧化还原介质（Dos Santos et al.，2005）。如图 4-5 所示，在氧化还原介质/辅助因子存在下的还原脱色可以分两步进行，第一步是非特异性的酶还原，第二步是偶氮染料对介质的化学再氧化。还原是由于偶氮染料和初级电子供体半反应之间的氧化还原电位引起的（V an der Zee et al.，2003）。可以使用极谱法来获得大多数偶氮染料的标准氧化还原电位。

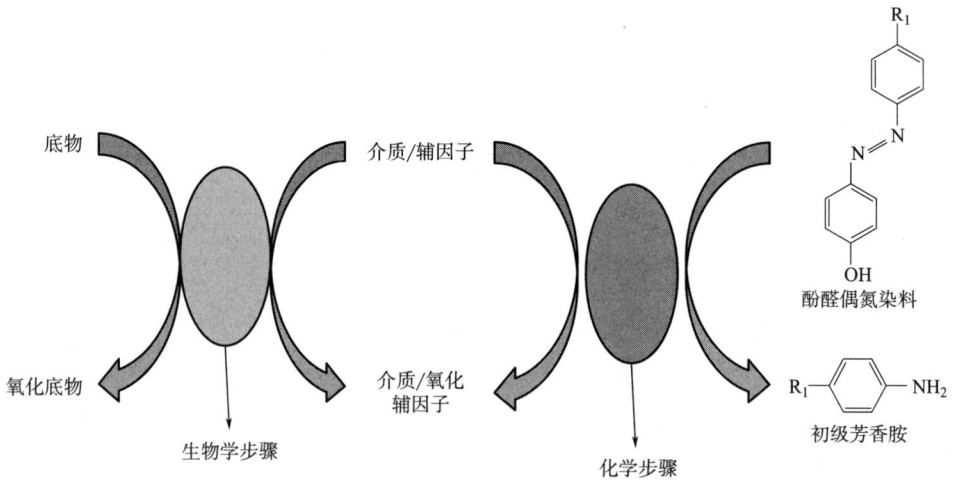

图 4-5　间接还原偶氮染料的生物和化学步骤组合

化合物的标准氧化还原电位（$E^{\ominus}$）是衡量其作为氧化还原介质的能力。据研究显示，对于 $E^{\ominus}$ 值相近的介质和 $E^{\ominus}$ 值不同的介质，脱色率不同（Dos Santos et al.，2004）。Walker 和 Ryan（1971 年）得到的结论是，脱色率与偶氮键的电子密度有关，降低偶氮键中的电子密度（吸电子基团作为取代基）会增大脱色率（Walker et al.，1971）。因此，氧化还原介质/辅助因子的使用将减小空间位阻，同时加速还原等价物向偶氮染料的转移（Moir et al.，2001），从而降低化学反应的活化能（Dos Santos et al.，2005）。因此，使用特定的氧化还原介质对脱色率进行理论预估时，还应考虑介质和偶氮染料之间的电化学因素的差异。

4.4　染料降解的基因工程技术

在自然适应的过程中，生物体降解/转化外来生物是在自然或受控的实验室条件下进化的（Gottschalk et al.，1993；Zimmermann et al.，1984）。因此，可以通过遗传图谱/工程技术直接获得能够降解或转化一种特定类型染料的定向良好的优化杂交菌株。然而，使用克隆程序和转移染料降解酶的基因是可以设计的，并且可以很容易地实现将混合培养物的能力结合到一个单一物种中（Knackmus et al.，1996）。利用携带野生型黄木樨草偶氮还原酶基因的大肠杆菌，成功地实现了偶氮染料的脱色（Chang et al.，2000）。这种方法可能对时间管理有益，适应合理培养和分离的菌株。或者，可以将抗重金属基因植入染料降解生物体内，用于降低纺织品生物修复场所或工厂中此类离子的环境毒性。然而，具有广泛金属抗性的质粒可以作为转基因生物的替代品，但它在传统污水处理厂的应用和使用似乎是不现实的。

4.5　结论

本文综述了生物（酶、微生物）和组合处理技术在纺织染料和印染废水处理中的潜在应用。所采用的技术类型取决于废水组成、要代谢的染料类型以及其副作用。酶法处理印染废水是一种很有应用前景的绿色化学技术。酶法处理废水可减少染色添加剂和辅助化品的用量。由于包括基因技术在内的新的环保技术的应用，使酶脱色/转化的成本不断下降。工业规模的微生物/细菌细胞培养的应用可使纺织染料完全矿化或降解。国外已经开始使用固定在活性炭上的腐烂细胞的工艺（BIO-COL）来处理有色纺织废物。

然而，了解纺织工业废水的降解和生物转化机理是非常重要的，以便采用正确的、有针对性的处理技术。生物和化学技术与基因组学的最新进展相结合，为染料脱色提供了可替代的和最佳处理系统，并在工业水平直接实现了生物科学方面的革命。事实上，对特定单菌培养的基因图谱的深入了解有助于在厌氧的条件下更好地降解偶氮染料。此外，各个国家应该考虑增加在此方面的科研经费，有助于加快纺织工业有色废水生物处理解决方案的实施。

参考文献

［1］Rather L J,Islam S,Akhter S,et al. Chemistry of plant dyes:applications and environmental implications of dyeing processes［J］. Curr Environ Eng,2017(4):103-120

［2］Rather L J,Islam S,Shabbir M,et al. Ecological dyeing of Woolen yarn with Adhatoda vasica natural dye in the presence of biomordantsas an alternative copartner to metal mordants［J］. J Environ Chem Eng,2016(4):3041-3049.

［3］Ahlstrom L,Eskilsson C S,Bjorklund E. Determination of banned azo dyes in consumergoods［J］. Trend Anal Chem,2005(24):49-56.

［4］Pierce J. Colour in textile effluents——the origins of the problem［J］. J Soc Dyers Col,1994(110):131-134.

［5］Shahid M,Islam S,Mohammad F. Recent advancements in natural dye applications:areview［J］. J Clean Prod,2013(53):310-331.

［6］Ibrahim N A,Moneim N M A,Halim E S A,et al. Pollution prevention of cottoncone reactive dyeing［J］. J Cleaner Prod,2008(16):1321-1326.

［7］Hu T L,Wu S C. Assessment of the effect of azo dye RP2B on the growth of a nitrogenfixing cyanobacterium Anabaena sp［J］. Biores Technol,2001(77):93-95.

［8］Razo-Flores E,Donlon B,Lettinga G,et al. Biotransformation and biodegradation of N substituted aromatics in methanogenic granular sludge［J］. FEMS Microbiol Rev,1997(20):525-538.

［9］Benigni R,Giuliani A,Franke R,et al. Quantitative structure-activity relationshipsof mutagenic and carcinogenic aromatic amines N substituted［J］. Chem Rev,2000(100):3697-3714.

［10］Rafii F,Franklin W,Cerniglia C E. Azoreductase activity of anaerobic bacteria isolatedfrom human intestinal microflora［J］. Appl Environ Microbiol,1990(56):2146-2151.

［11］Chung K T,Stevens S E Jr. Degradation of azo dyes by environmental microorganismsand helminths［J］. Environ Toxicol Chem,1993(12):2121-2132.

[12] Hillenbrand T(1999) Die Abwassersituation in der deutschen Papier-,Textil-und Lederin-dustrie. Gwf Wasser Abwasser 14:267-273.

[13] Abadulla E,Tzanov T,Costa S,et al. Decolorizationand detoxification of textile dyes with a laccase from Trametes hirsuta[J]. Appl Environ Microbiol,2000(66) :3357-3362.

[14] Zhang X,Stebbing D W,Saddler J N,et al. Enzyme treatments of thedissolved and colloidal substances present in mill white water and the effects on the resultingpaper properties[J]. J Wood Chem Technol,2000(20) :321-335.

[15] Knackmus H J. Basic knowledge and perspectives of bioelimination of xenobiotic com-pounds[J]. J Biotechnol,1996(51) :287-295.

[16] Keck A A,Klein J,Kudlich M,et al. Reduction of azodyes by redox mediators originating in the naphtalenesulfonic acid degradation pathway of Sphingomonas sp. Strain BN6[J]. Appl Environ Microbiol,1997(63) :3684-3690.

[17] Nigam P,McMullan G,Banat I M,et al. Decolourisation of effluent from thetextile industry by a microbial consortium[J]. Biotechnol Lett,1996(18) :117-120.

[18] Nigam P,Banat I M,Singh D,et al. Microbial process for the decolorization of textile efflu-ent containing azo,diazo and reactive dyes[J]. Process Biochem,1996(31) :435-442.

[19] Zheng Z,Levin R E,Pinkham J L,et al. Decolorization of polymeric dyes by a novel Peni-cillium isolate[J]. Process Biochem,1999(34) :31-37.

[20] Nigam P,Marchant R. Selection of a substratum for composing biofilm system of atextileef-fluent decolourizing bacteria[J]. Biotechnol Lett,1995(17) :993-996.

[21] Kudlich M,Bishop E,Knackmuss H J,et al. Simultaneous anaerobic and aerobic degrada-tion of the sulfonated azo dye Mordant Yellow 3 by immobilized cells fromnaphtalenesulfon-ate-degrading mixed culture[J]. Appl Microbiol Biotechnol,1996(46) :597-603.

[22] Shen C F,Miguez C B,Borque D,et al. Methanotroph and methanogencoupling in granular biofilm under oxygen-limited conditions[J]. Biotechnol Lett,1996(18) :495-500.

[23] Tan C G,Lettinga G. Field JAReduction of the azo dye Mordant Orange 1 bymethanogenic granular sludge exposed to oxygen[J]. Biores Technol,1999(67) :35-42.

[24] Walker G M,Weatherly L R. Biological activated carbon treatment of industrial wastewater in stirred tank reactors[J]. Chem Eng J,1999(75) :201-206.

[25] Tse S W,Yu J. Flocculation of Pseudomonas with aluminum sulfate for enhanced biodegra-dation of synthetic dyes[J]. Biotechnol Tech,1997(11) :479-482.

[26] Banat I M,Nigam P,Singh D,et al. Microbial decolorization of textile dyecontaining effluents a review[J]. Biores Technol,1996(58):217-227.

[27] Martins M A M,Cardoso M H,Queiroz M J,et al. Biodegradation of azo dyes by the yeast Candida zeylanoides in batch aerated cultures[J]. Chemosphere,1999(38):2455-2460.

[28] Hao O J,Kim H,Chiang P C. Decolorization of wastewater[J]. Crit Rev Environ Sci Tec, 2000(30):449-505.

[29] Slokar Y M,Marechal A M L. Methods of decoloration of textile wastewaters. Dyes Pigm, (1998)37:335-356

[30] Robinson T,McMullan G,Marchant R,et al. Remediation of dyes in textile effluent:a critical review on current treatment technologies with a proposed alternative. Biores Technol, 2001(77):247-255.

[31] Donlagic J,Levec J. Does the catalytic wet oxidation yield products more amenable tobiodegradation[J]. Appl Catal B Environ,1998(17):L1-L5.

[32] Kunz A,Reginatto V,Durán N. Combined treatment of textile effluent using the sequencePhanerochaete chrysosporium—ozone[J]. Chemosphere,2001(44):281-287.

[33] Ledakowicz S,Solecka M,Zylla R. Biodegradation,decolourisation and detoxificationof textile wastewater enhanced by advanced oxidation processes[J]. J Biotechnol,2001(89): 175-184.

[34] Pulgarin C,Invernizzi M,Parra S,et al. Strategy for the coupling of photochemical and biological flow reactors useful in mineralization of biorecalcitrantindustrial pollutants[J]. Catal Today,1999(54):341-352.

[35] Van der Bruggen B,De Vreese I,Vandecasteele C. Water reclamation in the textileindustry:nanofiltration of dye baths for wool dyeing[J]. Ind Eng Chem Res,2001(40):3973-3978.

[36] Bumpus J A. Microbial degradation of azo dyes[J]. Prog Ind Microbiol,1995(32):157-176.

[37] Chung K T,Stevens S E Jr. Degradation of azo dyes by environmental microorganismsand helminths[J]. Environ Toxicol Chem,1993(12):2121-2132.

[38] Farhadian M,Vachelard C,Duchez D,et al. In situ bioremediation of monoaromatic pollutants in groundwater:a review[J]. Biores Technol,2008(99):5296-5308.

[39] Radhika V,Subramanian S,Natarajan K A. Bioremediation of zinc using Desulfotomaculum

nigrificans:bioprecipitation and characterization studies[J]. Water Res,2006(40):3628–3636.

[40]Field J A,Stams A J M,Kato M,et al. Enhanced biodegradation of aromatic pollutantsin cocultures of anaerobic and aerobic bacterial consortia[J]. Antonie Van Leeuwenhoek,1995(67):47–77.

[41]Madigan M T,Martinko J M,Parker J. Brock biology of microorganisms,10th ed. Prentice–Hall Inc. , Simon & Schuster/A Viacom Company, Upper Saddle River, New Jersey, USA,2003.

[42]Chung K T,Stevens S E J. Degradation of azo dyes by environmental microorganisms and helminths[J]. Environ Toxicol Chem,1993(12):2121–2132.

[43]Claus H,Faber G,Koenig H R. edox–mediated decolorization of synthetic dyes by fungallaccases[J]. Appl Microbiol Biotechnol,2002(59):672–678.

[44]Knackmuss H J. Basic knowledge and perspectives of bioelimination of xenobiotic compounds[J]. J Biotechnol,1996(51):287–295.

[45]Lourenco N D,Novais J M,Pinheiro H M. Effect of some operational parameters on textiledye biodegradation in a sequential batch reactor[J]. J Biotechnol,2001(89):163–174.

[46]Panswad T,Iamsamer K,Anotai J. Decolorization of azo–reactive dye by polyphosphateand glycogen–accumulating organisms in an anaerobic–aerobic sequencing batch reactor[J]. BioresTechnol,2001(76):151–159.

[47]Tan C G,Lettinga G,Field J A. Reduction of the azo dye mordant orange 1 by methanogenic granular sludge exposed to oxygen[J]. Biores Technol,1999(67):35–42.

[48]Zimmermann T,Gasser F,Kulla H G,et al. Comparison of two bacterial azoreductases acquired during adaptation to growth on azo dyes[J]. Arch Microbiol,1984(138):37–43.

[49]Blumel S,Stolz A. Cloning and characterization of the gene coding for the aerobicazoreductase from Pigmentiphaga kullae k24[J]. Appl Microbiol Biotechnol,2003(62):186–190.

[50]Pasti–Grigsby M B,Pasczcynski A,Goszczynski S,et al. Influence of aromatic substitution patterns on azo–dye degradability by Streptomycesspp and Phanerochaete chrysosporium [J]. Appl Environ Microbiol,1992(58):3605–3613.

[51]Cao W,Mahadevan B,Crawford D L,et al. Characterization of an extracellularazo–dyeoxidizing peroxidase from Flavobacterium sp. ATCC 39723[J]. Enzyme Microb Technol,1993(15):810–817.

[52] Duran N, Rosa MA, D'Annibale A, Gianfreda L(2002) Applications of laccases and tyrosinases(phenoloxidases) immobilized on different supports: a review. Enzyme Microbiol Technol31:907-931

[53] Glenn J K, Akileswaran L, Gold M H. Manganese-Ii oxidation is the principal function ofthe extracellular manganese peroxidases from Phanerochaete chrysosporium[J]. Arch BiochemBiophys,1986(251):688-696.

[54] Heinfling A, Bergbauer M, Szewzyk U. Biodegradation of azo and phthalocyanine dyes by Trametes versicolor and Bjerkandera adusta[J]. Appl Microbiol Biotechnol,1997(48): 261-266.

[55] Parshetti G K, Kalme S D, Gomare S S, et al. Biodegradation of Reactive blue 25 by Aspergillus achraceus NCIM-1446[J]. Biores Technol 2007(98):3638-3642.

[56] Kapoor A, Viraraghavan T. Biosorption—an alternative treatment option for heavy metal-bearing wastewaters: a review[J]. Biores Technol,1995,53(3):195-206.

[57] Marcanti-Contato I, Corso C R, Oliveira J E. Induction of physical paramorphogenesisin Aspergillus sp. [J]. Braz J Microbiol 1997(28):65-67.

[58] Olguín E J. Phycoremediation: key issues for cost-effective nutrient removal process[J]. Biotechnol Adv,2003(22):1-91.

[59] Ruiz J, Alvarez P, Arbib Z, et al. Effect of nitrogen and phosphorus concentration on their removal kinetic in treated urban wastewater by Chlorellavulgaris[J]. Int J Phytorem 2011 (13):884-896.

[60] Khalaf M A. Biosorption of reactive dye from textile wastewater by nonviable biomassof Aspergillus niger and Spirogyra sp. [J]. Biores Technol,2008(99):6631-6634.

[61] Aravindhan R, Rao J R, Nair B U. Removal of basic yellow dye from aqueous solutionby sorption on green alga Caulerpa scalpelliformis[J]. J Hazard Mater(2007)142:68-76.

[62] Marungrueng K, Pavasant P. Removal of basic dye(Astrazon Blue FRGL)using macroalga Caulerpa lentillifera[J]. J Environ Manage,2006(78):268-274.

[63] Acuner E, Dilek F B. Treatment of tectilon yellow 2G by Chlorella vulgaris[J]. ProcBiochem 2004(39):623-631.

[64] Karacakaya P, Kilic N K, Duyugu E, et al. Stimulation of reactive dye removal bycyanobacteria in media containing triacontrol hormone[J]. J Hazard Mater,2009(172):1635-1639.

[65]Chivukula M,Renganathan V. Phenolic azo dye oxidation by laccase from Pyriculariaoryzae [J]. Appl Environ Microbiol,1995(61):4374-4377.

[66]Duran N,Esposito E. Potential applications of oxidative enzymes and phenoloxidase-like-compounds in wastewater and soil treatment:a review[J]. Appl Catal B Environ,2000 (28):83-99.

[67]Mester T,Tien M. Oxidative mechanism of ligninolytic enzymes involved in the degradation of environmental pollutants[J]. Int Biodeter Biodegr,2000(46):51-59.

[68]Li K,Xu F,Eriksson K E L. Comparison of fungal laccases and redox mediators inoxidation of a non-phenolic lignin model compound[J]. Appl Environ Microbiol,1999(65):2654-2660.

[69]Soares G M B,De Amorim M T P,Costa F M. Use of laccase together with redox mediatorsto decolourize Remazol Brilliant Blue R[J]. J Biotechnol 2001,89(2-3):123-129.

[70]Berry D F,Francis A J,Bollag J M. Microbial metabolism of homocyclic and heterocyclicaromatic compounds under anaerobic conditions[J]. Microbiol Rev,1987(51):43-59.

[71]Commandeur I C M,Parsons J R. Degradation of halogenated aromatic compounds[J]. Biodeg,1990(1):207-220.

[72]Smith M R(1990)The biodegradation of aromatic hydrocarbons by bacteria. Biodeg 1:191-206

[73]Kudlich M,Keck A,Klein J,et al. Localization of the enzyme system involved inanaerobic reduction of azo dyes by Sphingomonas sp. Strain BN6 and effect of artificial redoxmediators on the rate of azo-dye reduction[J]. Appl Environ Microbiol,1997(63):3691-3694.

[74]Beydilli M I,Pavlostathis S G,Tincher W C. Decolorization and toxicity screening ofselected reactive azo dyes under methanogenic conditions[J]. Water Sci Technol,1998(38):225-232.

[75]Bromley-Challenor K C A,Knapp J S,Zhang Z,et al. Decolorization of an azo dye by unacclimated activated sludge under anaerobic conditions[J]. Water Res,2000(34):4410-4418.

[76]Gingell R,Walker R. Mechanism of azo reduction by Streptococcus faecalis II. The roleof soluble flavins[J]. Xenobiotica,1971(1):231-239.

[77]Stolz A. Basic and applied aspects in the microbial degradation of azo dyes[J]. Appl Microbiol Biotechnol,2001(56):69-80.

[78] Russ R, Rau J, Stolz A. The function of cytoplasmic flavin reductases in the reductionof azo dyes by bacteria[J]. Appl Environ Microbiol, 2000(66):1429-1434.

[79] Rau J, Stolz A. Oxygen-insensitive nitroreductases NfsA and NfsB of Escherichiacoli function under anaerobic conditions as lawsone-dependent azo reductases[J]. Appl Environ Microbiol, 2003(69):3448-3455.

[80] Dos Santos A B, Cervantes F J, Yaya-Beas R E, et al. Effect of redox mediator, AQDS, on the decolourisation of a reactive azo dye containing triazine group in a thermophilicanaerobic EGSB reactor[J]. Enzyme Microbiol Technol, 2003(33):942-951.

[81] Yoo E S. Chemical decolorization of the azo dye CI Reactive Orange 96 by variousorganic/inorganic compounds[J]. J Chem Technol Biotechnol, 2002(77):481-485.

[82] Van der Zee F P, Bisschops I A E, Blanchard V G, et al. The contribution of biotic and abiotic processes during azo dye reduction in anaerobic sludge[J]. Water Res, 2003(37):3098-3109.

[83] Albuquerque M G E, Lopes A T, Serralheiro M L, et al. Biologicalsulphate reduction and redox mediator effects on azo dye decolourisation in anaerobic-aerobicsequencing batch reactors[J]. Enzyme Microbiol Technol 2005(36):790-799.

[84] Dos Santos A B, Bisschops I A E, Cervantes F J, et al. The transformation andtoxicity of anthraquinone dyes during thermophilic (55℃) and mesophilic (30℃) anaerobictreatments [J]. J Biotechnol, 2005(15):345-353.

[85] Lee Y H, Matthews R D, Pavlostathis S G. Anaerobic biodecolorization of textile reactiveanthraquinone and phthalocyanine dyebaths under hypersaline conditions. Water Sci Technol, 2005(52):377-383.

[86] Lee Y H, Matthews R D, Pavlostathis S G. Biological decolorisation of reactice anthraquinone and phthalocyanine dyes under various oxidation-reduction conditions[J]. WaterEnviron Res, 2006(78):156-169.

[87] Fredrickson J K, Kostandarithes H M, Li S W, et al. Reduction ofFe(III), Cr(VI), U (VI), and Tc(VII) by Deinococcus radiodurans R1[J]. Appl Environ Microbiol, 2000 (66):2006-2011.

[88] Lovley D R, Fraga J L, BluntHarris E L, et al. Humicsubstances as a mediator for microbially catalyzed metal reduction[J]. Acta Hydroch Hydrob, 1998(26):152-157.

[89] Keck A, Rau J, Reemtsma T, et al. Identification of quinoide redoxmediators that are formed

during the degradation of naphthalene-2-sulfonate by Sphingomonasxenophaga BN6[J]. Appl Environ Microbiol,2002(68):4341-4349.

[90]Dos Santos A B,Bisschops I A E,Cervantes F J,et al. Effect of different redoxmediators during thermophilic azo dye reduction by anaerobic granular sludge and comparativestudy between mesophilic(30 ℃)and thermophilic(55℃)treatments for decolourisation oftextile wastewaters[J]. Chemosphere,2004(55):1149-1157.

[91]Walker R,Ryan A J. Some molecular parameters influencing rate of reductions of azocompounds by intestinal microflora[J]. Xenobiotica,1971(1):483-486.

[92]Moir D,Masson S,Chu I. Structure-activity relationship study on the bioreduction ofazo dyes by Clostridium paraputrificum[J]. Environ Toxicol Chem,2001(20):479-484.

[93]Gottschalk G,Knackmuss H J. Bacteria and the biodegradation of chemicals:achievednaturally,by combination,or by construction[J]. Angew Chem Int Ed,1993(32):1398-1408.

[94]Zimmermann T,Gasser F,Kulla HG,et al. Comparison of two bacterial azoreductases acquired during adaptation to growth on azo dyes[J]. Arch Microbiol,1984(138):37-43.

[95]Knackmus H J. Basic knowledge and perspectives of bioelimination of xenobiotic compounds[J]. J Biotechnol,1996(51):287-295.

[96]Chang J S,Kuo T S. Kinetics of bacterial decolorization of azo dye with Escherichia coLi-NO₃[J]. Biores Technol,2000(75):107-111.